등대지기

등대지기

문준경 전도사 이야기
1891-1950

김희정 지음

KIATS
2015

추천사

우리는 지금 심각하게 깨어진 세상 속에 살고 있습니다. 모든 관계가 깨어지고 그로 인하여 우리는 지금 고통을 받고 있습니다.

그렇다면 그 해결책은 무엇일까요? 그것은 언제나 변함없는 하나님의 말씀이요 그 말씀의 중심인 그리스도요 그의 십자가일 것입니다. 그렇습니다. 오늘 우리가 상실한 것은 바로 십자가의 정신입니다. 십자가는 비움이요 낮춤이요 버림입니다.

그런 의미에서 문준경 전도사님은 우리에게 소중한 모범이 되십니다. 그는 자기 시대에 그의 삶을 통해 이 십자가 정신을 여실히 보여주신 참 훌륭한 모델이십니다.

우리 모두 이 책을 통해 십자가 정신을 다시 회복하여 한국교회가 다시 일어나고 이 세상이 치유되기를 간절히 소망합니다.

손 훈 목사(한국 DNA 협의회 회장)

"생각하라 저 등대를 지키는 사람의 거룩하고 아름다운 사랑의 마음을."

문준경 전도사님은 천사의 섬의 등대지기, 그리고 지금도 한국교회의 등대지기이십니다.

우리가 그 거룩한 순교정신을 회복할 수만 있다면, 그 복음의 아름다운 열정을 되살릴 수만 있다면, 아직 우리는 한국교회 부흥의 꿈을 접을 필요가 없습니다.

김희정 작가와 KIATS의 수고로 다시 태어난 등대지기 이야기가 다음 세대의 필독서가 된다면 한국교회 새로운 등대지기 탄생을 기대할 만합니다.

거룩한 옷깃을 여미고 문전도사님의 흔적을 따를 새로운 세대를 기다리며 이 책을 추천합니다.

다시 한반도에 거룩한 부흥의 바람이 불어 증도의 꿈이 한반도의 꿈이 되었으면 좋겠습니다.

함께 증도 등대지기에 빚진, 이동원 목사(지구촌 교회)

하늘에서 큰 상급을 받을 사람들을 꼽는다면 이 땅에 복음이 들어온 이래로 가장 많은 수고를 하신 여자전도사님들을 말하지 않을 수 없습니다. 초창기 한국교회의 여자전도사님들은 남녀가 유별한 유교 사회에서 복음이 막혔을 때 큰 역할을 하였고, 한국교회 부흥의 가장 깊은 곳에서 숨은 헌신자가 되어 섬겼습니다.

문준경 전도사님은 여전도사님들이 어떻게 복음을 위해 살았는지 가장 확실히 보여주는 생애를 사셨습니다. 버림받은 여인이었으나 주께서 구해주셔서 당신의 영광스러운 도구로 평생을 사용해 주셨습니다. 그 결과 신안군의 수많은 영혼들이 주님께 돌아오게 되었고, 귀한 민족교회 지도자들이 배출되었습니다.

이번에 문준경 전도사님의 이야기가 우리 손에 한 권의 책으로 놓여졌습니다. 이 책은 우리에게 참 신앙이 무엇인지 보여주고 있습니다. 말로만 논하는 신앙이 아닙니다. 모호한 소리로 한국교회가 혼돈될 때에 문전도사님의 삶은 '이것이 바로 믿음'이라고 보여줍니다. 믿음으로 살다가 순교의 제물로 드려진 한 여인의 삶, 이 시대에 우리에게 진정한 신앙의 발자취가 되어 우리 마음을 숙연하게 합니다.

책의 출간을 진심으로 감사드리며 많은 분들에게 이 분의 삶이 전수되는 축복이 있기를 기도합니다.

홍정길 목사(남서울은혜교회 원로)

개신교가 우리나라에 들어온 지도 어언간 130년이 흘렀습니다. 한국교회는 이 기간에 많은 위대한 신앙인들을 배출했습니다. 그중에서도 빼놓을 수 없는 분 중에 한 분이 바로 문준경 전도사님입니다.

누가 만일 그 당시 한국적 신앙이 어떤 것인가를 묻는다면 문준경 전도사님을 소개하는 것이 합당할 것입니다. 그분의 희생적인 사역으로 복음이 그 지역의 모든 섬에 전파되었으며, 마지막으로 자신의 목숨까지 교회와 후진들을 위해 내어주었습니다.

문준경 전도사님의 전기가 누구나 쉽게 읽을 수 있는 소설로 출간된 것을 진심으로 기쁘게 생각하며 모든 교인들과 교역자들과 선교사들이 이 책을 필독 도서로 삼을 것을 적극 추천하는 바입니다.

이태웅 박사(한국해외선교회 글로벌리더십포커스 원장)

목차

추천사
프롤로그

제1부
　제1장　섬마을의 외로운 새댁 ·· 20
　제2장　홀로서기 ·· 36
　제3장　절벽에서 천국의 계단으로 ·· 52
　제4장　만남의 축복 ·· 72

제2부
　제5장　가르치고 전파하라 ·· 94
　제6장　나는 빚진 자라, 너는 내 것이라 ·· 110
　제7장　등불을 준비한 예수님의 신부 ·· 140
　제8장　때가 이르면 반드시 거둔다 ·· 162

제3부
　제9장　환난의 역사 속에서 ·· 184
　제10장　거룩한 메아리 ·· 204

에필로그
작가의 말
연보

프롤로그

> 강민주 회장님이 경영하는 'THE MOON'이 〈국민이 뽑은 착한 기업〉으로 선정됐는데 수상소감과 더불어 'THE MOON'이라는 회사 이름에 어떤 의미가 있다고 들었는데 설명해 주시지요.

제가 자란 신안 증도는 바다가 있고 소금꽃 이야기가 있고 꿈이 있는 보물섬입니다. 1976년 청자 도자기를 시작으로 2만여 점이 넘는 유물이 발굴되어 신안 해저유물 발굴 기념비도 세워졌습니다. 그리고 가장 귀한 인재 보물들이 사회 구석구석에서 빛과 소금의 역할을 하고 있습니다. 신안에서 시작된 우리 기업도 좋은 세상 만들기의 작은 축을 담당하여 국민이 주시는 상을 받게 된 것이 무척 기쁘고 영광입니다.

'MOON'은 달이라는 영문과 마음의 '문'을 활짝 연다는 의미가 있는 이름입니다. 어두움을 밝히는 달, 소통의 문을 열고 경영하는 투명한 기업, 깨끗하고 정직한 기업이 되겠다는 의미로 만들었습니다. 제가 자랄 때 달을 보며 꿈을 이루리라 다짐하곤 했습니다. 공교롭게 회사 이름을 들으면 고향 분들은 오늘 이야기의 주인공인 문준경 전도사가 떠오른다고 말씀하는 분들이 있습니다. 또 다른 좋은 의미로 해석되니 좋습니다.

> 훌륭한 장학재단을 운영하고 계시는데 'THE MOON'만의 특별한 경영원칙이 있으신가요?

아시다시피 사람의 병을 고치는 약을 만드는 회사인데 저는 어렸을 때부터 '사람이 가장 귀하다.'는 가치관을 가지고 자랐습니다. 물론 저는 그리스도인이라 성경 말씀에 가장 큰 영향을 받았지요. 그런데 종교적인 색채를 떠나서도 이 세상에서 가장 귀한 것이 무엇일까요? 돈? 명예? 권력? 그 무엇도 아닌 바로 사람의 생명이지요. 성경에는 사람을 낚는 어부가 되라는 말씀이 나옵니다. 물고기를 많이 잡아 배부르게 먹고 부자가 되라 하지 않고 오히려 부자는 천국에 들어가기 어렵다고 합니다.

'THE MOON'은 사람을 낚는 어부 같은 회사가 되고 싶습니다. 서로 격려하고 응원하며 훌륭한 사람을 낚고 희망을 낚는 회사 말이지요.

또한 공부하고 싶은데 돈이 없는 학생들에게 도움을 주는 'THE MOON' 장학재단은 우리 기업의 가장 가치 있는 일입니다. 결국 도움을 받은 그 학생이 열심히 공부하여 훌륭한 사회의 일꾼이 되고 또 다른 어려운 학생을 돕는 것이지요. 이렇게 계속 도움을 주는 기업과 사람들이 많아진다면 더욱더 건강한 사회가 만들어질 것입니다.

앞으로도 사람이 가장 귀하다는 가치관을 가장 큰 원칙으로 두고 경영할 것입니다. 그리고 그 이윤을 사회에 다시 돌려드리는 발걸음을 멈추지 않겠습니다.

회장님께서도 가난하고 여성차별이 심한 시대를 사셨는데 어떻게 어려움을 극복하고 공부를 계속 할 수 있었는지 오늘 강연을 통해 대학생들에게 꿈과 희망, 'THE MOON'을 만들게 된 이야기를 자세히 들려주시기를 바랍니다.

"네, 힘든 환경이었지만 유년기에 꿈을 심고 가꾸게 도와주신 훌륭한 분이 계셨습니다……."

그렇다. 그분의 이야기를 할 수 있는 기회를 얻었다. 나의 어머니 김순희, 아버지 강수일, 나 강민주, 우리 가족에게뿐 아니라 섬마을 증도의 많은 사람에게 헌신과 섬김의 삶으로 선한 영향력을 끼치며 복음을 전파한 문준경 전도사 이야기를 하려고 한다.

강단에 서기 전 문준경 전도사의 숨결이 깃든 증도를 다시 찾았다. 바닷바람 샤워 속에 두 팔 벌려 바라보는 광활한 갯벌은 신비한 4차원 세계로 빨려 들어갈 듯 환상을 준다. 짱뚱어 다리를 거닐 때 다리 밑의 짱뚱어와 농게는 힘찬 몸짓으로 반갑다 외치고 우리나라에서 가장 빛나는 천일염 소금으로 유명한 드넓은 태평염전의 풍광이 가슴을 벌떡이게 한다. 문준경 전도사가 사역을 한 증동리교회 뒷편에 있는 상정봉에 오르니 한반도 모양으로 덮인 해송 숲이 내려다보이고 그 자리에서는 어느 누구나 뜨거운 애국자가 된다.

아시아 최초로 슬로시티로 지정되어 이름 그대로 느림과 여유의 순수한 여백을 자랑한다. 여기저기 보이는 달팽이 그림처럼 천천히 가자 하고 쉼을 필요로 하는 많은 사람이 찾아오는 천연의 깨끗함을 자랑하는 곳이기도 하다. 아름다운 일몰을 바라보며 삶의 토닥임을 주는 선물의 시간에는 영혼육이 자유로 무장해제 된다.

그런데 이렇게 멋스럽고 귀한 섬 90% 이상의 주민이 복음을 알고 11개 교회가 있다는 사실이 가장 큰 자랑거리다. 섬에서 흔히 볼 수 있는 잡신이나 미신을 믿는 풍습이 사라졌고 점집도 무당도 없고 더군다나 신기한 것은 사찰도 없다. 어떻게 하여 1004개의 섬으로 이루어진 신안 일대가 진짜 평안이 물든 천사 섬, 복음의 섬으로 자리 잡았는지 나 또한 한 번 더 이야기를 거슬러가며 또다시 설렘과 감흥의 시간을 맞이하게 되었다.

그리고 늘 그렇듯이 등대는 한 곳을 바라보며 그 자리에서 불을 밝히고 있다.
그렇다. 문준경 그분도 그랬다.
한 곳을 바라보고 오직 복음에 집중하던 등대지기 문준경의 삶을 따라 거슬러 올라가는 여행은 이렇게 시작된다.

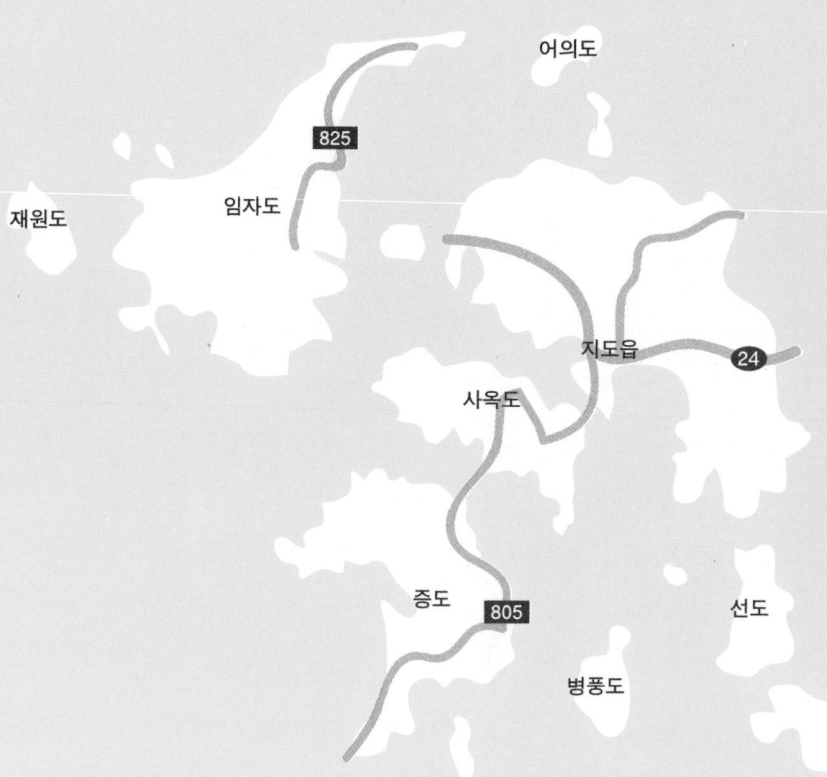

제1부

1. 섬마을의 외로운 새댁
2. 홀로서기
3. 절벽에서 천국의 계단으로
4. 만남의 축복

제1장

섬마을의 외로운 새댁

여호와께서 네가 행한 일에 보답하시기를 원하며

이스라엘의 하나님 여호와께서

그의 날개 아래에 보호를 받으러 온 네게

온전한 상 주시기를 원하노라 하는지라 룻기 2장 12절

마당 가운데 햇살이 따스하게 내려앉는다. 꽃도 나무도 봄잔치 채비를 하고 겨우내 움츠렸던 생물들이 기지개를 켠다.

준경은 여느 날과 같이 시부모님 조반 드시는 것을 살펴드리고 따스한 봄빛에 이끌리어 마당에 섰다. 계절이 주는 달짝지근한 꽃향기는 살랑살랑 바람에 실려 날아온다. 코끝에 실리는 향긋함에 마음과 몸이 설렌다. 하지만 이런 풋풋한 감상도 잠시, 남편 생각이 떠오르자 자기도 모르게 한숨을 길게 내 쉰다. 목덜미에 내려앉은 벚꽃비 향기가 진할수록 그리움과 기다림도 생생하게 차오른다.

'서방을 기둘리는 내 같은 처지에 꽃 향기 땀시 설레끼 뭐시 있당께.'

남들 앞에서는 의연한 척 하지만 혼자 있을 때는 맥 빠지고 한숨이 절로 나온다.

그때 순희가 쪼르르 다가온다.

"작은 마님요. 어무이 아부지는 밭에 갔지라."

문간방에 사는 젊은 부부의 딸 순희는 오늘도 옛이야기를 듣고 싶어 한다. 작은 마님을 버릇없이 귀찮게 한다고 혼나는 것을 알기에 늘 부모님이 없는 틈을 타서 준경에게 간다.

"오늘은 할미섬의 용 이야기를 들려줄까나."

"야, 용이라구야?"

평상에 앉아 이야기를 시작하자 순희는 준경의 무릎에 바짝 다가간다. 오늘은 어떤 이야기를 듣게 될지 기대감으로 잔뜩 차올랐다.

"옛날에 장산도 사람들이 무인도에 와서 해초를 따며 한창 일하고 있는디 갑자기 하늘이 어두워지고 천둥 번개가 일면서 비가 내렸구먼. 사람들은 싸게 싸게 마을로 되돌아오다가 바다에서 용 한 마리가 하늘로 오르는 것을 보았제. 그 광경을 처음 발견한 마실 처자가 '이무기가 하늘로 오른다.'고 소리를 지른께 승천하던 용이 이무기가 되어 바다에 뚝 떨어지고 말았구먼. 마실 사람들이 무서워서 장산도로 싸게 돌아가려 했구먼. 그란디 이무기가 배를 감고서 '부정한 여자가 큰소리치는 바람에 영영 하늘에 오르지 못하게 되었다. 저 섬에 살 터인즉 소리를 지른 처자를 내려 놓으라.'고 했제.

그 처자는 할 수 없이 이무기와 섬에 갇혀 평생을 홀로 살다가 죽었뿐짚어. 그 뒤 마을 사람들이 장사를 지내 주고. 이 섬

이름을 할미섬으로 불렀다는구먼."

순희는 고개를 갸웃거리며 동글동글한 웃음을 흘린다.

"하하하. 할미가 될 때까지 살아서 할미섬이지라? 마을 처자랑 이무기는 뭘 먹고 섬에서 살았쓸까야?"

집에서 일을 봐주는 부부의 딸을 이렇게 예뻐하니 둘째 동서는 가끔 준경의 아픈 곳을 찌른다.

"동서, 아무리 자슥이 읍써도 양반 가문 체통을 지켜뿌야지 뭐땀시 자꾸 순희를 끼고 돈당께?"

"성님, 끼고 돌긴 누가야? 옛 야그 쪼께 해주는 것이지라."

큰 시숙네는 분가해서 살고 둘째 시숙네와 함께 살며 시부모님도 별말이 없는 일에 둘째 동서가 가끔 간섭한다. 형님의 말이 아주 틀린 것은 아니다. 준경의 그런 자유로운 행동이 가능한 것도 시부모님의 배려 덕분이다. 남편 사랑을 못 받는 막내 며느리에겐 무엇이든 너그럽다. 물론 준경 또한 시부모님을 지극정성으로 봉양하는 며느리다.

사람을 귀히 여기는 시아버지는 준경뿐 아니라 아랫사람 누구에게도 함부로 대하지 않는다. 아들은 아버지를 닮는다는데 어찌하여 남편은 정 많고 올곧은 아버지를 안 닮았는지 생각할수록 자신의 처지가 한심하다.

"순희는 소원이 뭐시다냐?"
순희는 한 치의 망설임도 없이 금방 대답이 튀어나온다.
"지는 글을 배우고 싶지라."
준경은 자신의 어린 시절을 떠올리며 순희의 마음을 백 번 공감했다. 양반집 자제들은 서당에서 글을 배우는데 어린 것 눈에는 당연히 부러울 것이다.

준경의 가문 남평 문씨는 전남 신안 암태도의 조부도 진사벼슬을 지낸 양반 학자 집안이다. 준경은 1891년 문재경의 3남 4녀 중 3녀로 태어나 총명함과 착한 성품으로 많은 사랑을 받고 자랐다. 아버지 문재경은 유교적인 사고방식이라 여자에게 글을 가르치는 것은 생각지도 않는다. 여자는 빨리 혼인을 하여 남편 사랑만 받으면 된다고 생각하는 남존여비 사상이 심한 시절이었다. 유교의 교훈은 바른 심성 형성에는 좋지만 양반과 상놈, 남자와 여자로 구분하여 차별하고 계급을 형성하는 악습이었다.
아버지의 뜻에 따라 1908년 3월, 17세의 어린 나이에 신안 등선리에 사는 정운삼의 셋째 아들 정근택과 혼인을 한다. 좋은 집안과 짝을 맺었다고 부모님은 좋아했지만 막상 혼인을 하니 고통만이 기다리고 있었다. 나름 양반 가문에서 귀하게 자랐는데 결혼과 동시에 생과부가 되고 만다. 남편에게 혼인은 의무적이고 형식적인 절차였고 준경을 향한 조금의 애정이나 관심도 없었다. 깨소금이 쏟아져야 할 신혼은 하루하루 기다림의 연속이었다. 시댁 가문과 시부모님은 훌륭했지만 정작 남편은 준경에게 외로움만을 줄 뿐이었다. 아무리 힘들어도 혼인을 한 번 하고 나면 시댁에서 죽을 때까지 살아야 하는 시대라서 친정에 가서 하소연할 수도 없는 노릇이었다.

결혼 한지 몇 년의 세월이 흘러가고 나라까지 뺏긴 거친 세상이 됐다. 시대도, 사람들도 불안하고 어수선할 때니 그저 집 밖에 나가서 무사하게 별일 없으면 다행인 시절이었다.

"순희야, 나가 글을 알민 니를 가르쳐 줄틴디 참말로 아숩구만."
"작은 마님은 그 대신 솔차니 재미난 야그를 해주시자나여. 글은 또 낭중에 배우면 되지라."
준경은 순희의 머리를 쓰다듬으며 말했다.
"그려, 그려, 우리 순희가 영 권이 있어야[1]."
준경은 밝고 영리한 순희를 보며 어린 시절 자신의 일을 떠올렸다.

어느 날 예닐곱 살 때쯤 서당 문 앞에서 글 읽는 소리를 듣고

---

1. **권있다** 딱히 눈에 띄게 이쁘지는 않지만 자꾸 눈이 가고 관심이 가게 생겼다. 볼수록 정이 들고 매력적인 인물에 보내는 찬사. '매력 있다'의 전라도 사투리.

있었다. 글을 직접 배울 수 없기에 오라버니가 배우는 소리라도 들었다. 그런데 읽는 소리를 엿듣는 걸로는 공부가 성에 차지 않고 갑갑하기만 했다. 집으로 간 준경은 어머니를 보고 사정을 한다.

"어무이, 내 참말 글 좀 배우면 안 돼라?"
"아부지가 허락을 해야 한당께. 어무이 맘대로 할 수가 없자녀."
옆에 있던 오라버니가 한마디 한다.
"준깅아. 나가 배우러 갈 때 니도 같이 가부자이. 훈장 어른께는 나가 말해 준당께!"
"오라버니, 참말이당가?"
어머니는 둘을 나무랐다.
"아고 하지 말랑께. 아부지께 허락 받아야 할 일이여. 어무이가 한 번 더 아부지에게 말해 본당께."

하지만 그 날 밤 아버지의 불호령이 떨어지고 준경은 아버지 앞에 불려가 무릎을 꿇었다.

"내 딸이 야물딱지고 착해서 내심 기특하게 생각했는디 아니구먼 그려. 전번에도 분맹히 안 된다고 했는디 시방도 자꾸 씨잘데기 없는 소리를 해 쌌나이? 준경이 니는 아부지 말 잘 들으라이."

아버지 말이 시작되기도 전에 겁에 질리고 이미 포기가 됐다.

"여자는 시집가서 서방 사랑받고 시부모님 봉양 잘하고 그리

사는 게 최곤기여. 어디 가시나가 돼서 쓸데 없이 글을 배우려고 드냐이? 가시나가 팔자가 사나워지고 싶으냐? 니 성들이 글 배워서 시집갔능겨? 그딴 야그 하덜 말고 살림 배워 싸게 시집 갈 준비나 하더랑께."

그날 이후 바로 바느질과 재봉기술을 배우고 그저 아버지의 뜻에 순응했다. 천성이 순한 준경이 글을 배우겠다고 재차 말한 용기가 나온 것이 희한한 일이었다.

'그랴, 아부지가 안 된다면 안되는기여. 인자 글 생각은 안 할 끼구먼.'

어머니는 준경의 손을 꼭 잡으며 미안해했다.

"준깅아, 으짠다냐?"

"어무이, 갠잔구먼이라. 다신 글공부 한단 말 안하겠스라."

어머니가 괜히 아버지에게 군소리 듣는 것도 싫어서 그 날 이후로는 기역자도 꺼내지 않았다. 아버지 말이면 다 들어야 했고 어머니 또한 아버지 말을 거역하는 건 상상할 수 없는 일이었다.

어린 시절을 떠올리니 엄마 웃음. 아버지 목소리, 언니 오라버니와 깔깔거리던 시간들, 부모님의 칭찬, 동무들, 마당의 꽃나무, 뒷산 풍경, 개울물 소리, 집 앞의 흐드러지게 핀 코스모스 등 고향의 모든 것들이 그립다. 하지만 돌아갈 수 없는 시간

섬마을의 외로운 새댁　29

과 공간의 그리움에 마음이 칼에 베인 듯 아려왔다.
'글 배우는 것은 암것도 아니당게. 아부지 말맹키로…….'
시집와서 남편과 다정하게 손 한번 못 잡아본 준경은 아버지의 말이 귀에 쟁쟁거렸다.
'여자는 시집가서 서방 사랑받고…….'
'아부지 말이 맞았스라.'

먼발치서 며느리와 순희의 대화를 듣던 시아버지는 무엇인가 생각에 잠긴 듯하다. 꾸지람을 하고 사정을 해봐도 아예 며느리를 거들떠보지도 않는 막내아들이 야속하고 안타까웠다. 행여나 마음이 돌아오겠지, 돌아오겠지 하며 무심한 세월만 흘러갔다. 시부모님은 그런 며느리가 안쓰러워서 늘 따뜻하게 대해주고 특히 시아버지는 딸처럼 예뻐했다.

"작은 마님, 작은 마님, 작은 서방님이 오셔라."
밭에 일 나갔다가 돌아오던 순희댁은 마당을 가로지르며 숨을 헐떡인다. 준경은 순희댁 말이 언뜻 믿어지지 않는데도 어느새 가슴이 두방망이질을 한다.
'서방님이 온다고? 으짠 일이다냐?'
명절과 풍어제[2] 아니고는 집에 오는 법이 없었다. 며칠 전부터

---

2. **풍어제**豊漁祭 어촌에서 물고기가 많이 잡히기를 비는 제사

시아버지가 언질을 주긴 했지만 그냥 위로의 말인 줄 알았다.
"아가, 아범이 곰방 올기다. 쪼깨만 기다려 보라이."
"야, 아부지. 지는 갠잔아야."

준경뿐 아니라 모든 여자들이 늘 괜찮다고 말한다. 진짜 괜찮은 게 아닌데도 늘 참고 인내하는 것이 아랫사람이나 양반집 여자들이나 똑같다. 특별히 착하거나 모자라서가 아니라 여자는 무조건 참아야 한다는 유교적 관습의 뿌리다. 그리고 여자들 스스로도 참는 걸 당연하다고 생각하지 가슴 깊이 얼마나 많은 한이 쌓여 가는지 알지 못한다. 남편이 소실을 데리고 살아도, 독한 시집살이를 해도 몸이 아파도 여자들은 늘 괜찮다고 말한다.

준경은 진심으로 시부모님을 존중하고 좋아했다. 반면에 또 하나의 진심은 남편과 소실이 너무 원망스러웠다.

'서방도 너무 밉고 첩도 죽어 뻔지면 조컸스라…….'

준경이 아무리 착하고 효부라 해도 자기를 거들떠보지도 않는 남편이 당연히 미울 수밖에 없다. 하지만 그런 마음이 드는 것을 자책하곤 했다.

'아부지를 봐서라도 나가 이리 못된 마음을 먹으면 안 되제. 아부지 아들인디…….'

실제로 시아버지의 따뜻한 사랑과 배려 속에 얼었던 마음이 녹아내리곤 했다. 시아버지의 보호막과 울타리가 있으니 그나마 가족들과 친척들, 모든 식솔도 정씨 집안 며느리로 인정해 주고 무시하지 않았다.

마당을 들어서는 남편을 보고 심장이 두근두근한다. 하지만 남편은 눈도 안 마주치고 준경의 옆을 쌩하니 지나가니 참으로 야속하다.

'모지락시러븐[3] 사람, 참말로 모지락시러븐 사람······.'

자신을 그렇게 무시하고 모른 척해도 한편으로는 무시하는 것이 아니라고 부인하고 싶다.

'무시하는 기 아이고 우세스러버서[4] 그런거랑께······.'

방에서 시어머니가 말한다.

"아가, 오늘은 아범도 왔은께 저녁상 싸게 준비하그라잉."

어머니는 오래간만에 아들 며느리와 화기애애한 분위기를 만들어보고 싶은 마음이다.

웃고 떠들며 음식을 볶고 지지고 남편이 좋아하는 녹두전도 하고 각별히 별미를 만든다. 기쁜 마음으로 식솔들을 직접 도우며 정성을 다해 준비한다. 문간방 식솔 순희댁 부부도 준경을 좋아하기에 작은 서방님의 등장이 더없이 반갑다. 순희도

---

3. **모지락시럽다** 모질다 혹은 사납다, 인정이 없다를 의미하는 전라도 사투리

4. **우세스럽다** 부끄럽고 어색하고 민망하다의 전라도 사투리

덩달아 신나는 것을 보니 어린것도 알건 다 아는 눈치다. 오랜만에 정씨 집이 들썩들썩 잔치집 분위기다.
 준경은 식솔들이 일하며 걱정하는 소리를 듣곤 했다.
 "작은 마님이 아를 못 낳아서 서방님이 바깥으로 나돈다는구먼."
 "모르는 소리 하덜 말랑께. 하늘을 봐야 별을 딴다는 말이 괜시리 있는감? 서방님이 당최 와야 말이제. 작은 마님 보면 맴이 아프고 짠혀."
 일일이 모든 말에 아는 체하거나 설명할 수도 없고 그저 남편을 기다리며 견디는 방법밖에 없었다.

 하지만 기대와 설렘은 몇 시간도 못 넘기고 산통이 깨졌다. 그렇게 정성스럽게 준비한 음식을 근택은 제대로 먹지도 않고 수저를 내려놓는다.
 "아범아, 좀 더 묵어봐라. 니 처가 얼마나 정성스럽게 준비했겄냐?"
 어머니의 말에도 내린 수저는 그만이었다.
 "입맛이 없스라, 속도 쪼까 불편혀요."
 '첩이 차려주는 밥상도 이리할까? 무심한 사람……'
 준경은 남편에게 물었다.
 "속에 좋은 매실차라도 타다 드릴까야?"
 준경의 말에 묵묵부답, 쳐다보지도 않는다.

시아버지는 준경이 안쓰러워서 화가 부르르 끓었다.
"됐다, 그만둬라잉. 아가야 우리나 마이 묵자이."
어머니도 며느리가 안쓰럽고 아버지 눈치가 보여 괜히 한마디 한다.
"속이 안 좋을 때는 비아두는 것도 괜찮지라."
준경은 밥이 꾸역꾸역 잘 넘어가지 않아서 수정과를 내온다는 핑계로 부엌으로 간다.

이부자리를 펴고 기다렸지만 등을 돌리고 잠만 자는 남편을 보니 서러움이 북받쳤다. 돌아누운 남편의 뒷모습이 커다랗고 높은 산처럼 보인다.
남편의 등이라도 안아야 하나 아니면 그냥 자야 하나 계속 망설인다. 차라리 보지 않고 기다릴 때가 낫지 눈앞에서 돌덩이 보듯 하니 여자로서 견딜 수가 없다. 밤새 이런저런 생각에 뒤척이느라 한숨을 못 잤는데, 남편은 돌아누운 자세로 참 잘도 잔다.
'이 방 저 방 보다 서방이 제일 낫다던디 내는 저 날아댕기는 나방보다도 못한 서방을 만난거랑께. 나방은 가끔 내 어깨에라도 앉는데 내 서방은 손끝 하나를 건들지를 않는구먼.'
'서방 탓이 아니라 나가 못난기라. 을매나 못났으면 이래 소박을 맞을꼬.'

속으로 남편을 원망도 해보고 또 자신의 못남을 한탄하기도 했다. 누웠다가 앉았다가 어정쩡하게 보낸 그 날 밤 이후 다시는 남편에게 헛된 기대를 안 할 것이라 다짐한다. 그 다짐이 잘 지켜지지 않는 것을 알지만 조금씩 포기하는 마음이 드는 것도 사실이었다.

'시집와서 어느덧 몇 년의 세월이란 말이다냐?'

남편은 시아버지의 간곡한 부탁으로 하룻밤 와준 거다. 그야말로 적선하듯이 말이다. 준경은 듣지 말아야 할 부자간의 대화를 듣고 말았다.

"아부지 부탁대로 하룻밤 잤은께 우리 미연이도 인자 이집 며느리로 인정해주시소이."

"이놈아. 며느리가 어찌 둘이 된다냐? 근본도 없는 놈 같으니라구. 내 눈에 흙이 들어가기 전까지는 그런 일은 없을끼구먼."

"내는 우리 미연이랑 살랑께 인자는 아부지도 내한테 기대는 하지 마시소이."

"으짜다가 나가 이런 망나니를 길렀는지 남의 귀한 집 여식 데브와서 나가 죄가 많구먼. 나가 무슨 낯으로 사돈어른을 본단 말이고……."

부자간의 대화를 들으며 또 한 번 억장이 무너졌다.

이제 남편이 돌아오리라는 희망을 걸기에는 상황이 너무 안 좋은 것을 준경은 확실히 깨달았다.

제2장

홀로서기

의인의 길은 돋는 햇살 같아서

크게 빛나 한낮의 광명에 이르거니와 잠언 4장 18절

그즈음에 둘째 형님네도 분가하고 준경은 한결 눈치 볼일이 줄어들었다. 이 또한 막내며느리를 편하게 해주려는 시아버지의 배려다. 하지만 이 작은 평안마저도 그리 오래가지는 못했다. 막연한 불안감이 잔인한 현실이 되어 고개를 디밀었다. 준경의 염려대로 남편은 그다음에 올 때는 아예 첩을 데리고 왔다.
 마당에 들어서는 첩의 불룩한 바가지 배를 보는 순간 눈앞에 안개가 낀 듯 뿌옇게 흐려졌다. 강렬한 햇살이 흐릿한 눈을 찔러대며 머릿속을 모기가 물어뜯는 것 같았다. 마당 한가운데서 그대로 얼어붙어 다리만 후들거렸다. 당당하게 서 있는 첩의 불룩한 뱃속에 애가 들어있다 생각하니 처지가 고통스럽고 한스러웠다.
 '시방 이 모든 것이 꿈이었으면 좋겠구먼.'
 남편은 손주를 가지면 부모님도 어쩔 수 없이 받아 줄 거라 생각한 거다. 하지만 준경의 시부모는 달랐다. 시아버지가 아들을 향해 삿대질을 하며 고함을 지른다.
"당장 나가라 이놈아. 시방 여가 어디라고 감히 발을 들여 놓는다냐?"
근택은 무슨 벼슬이라도 했는데 대접을 못 받아 억울한 것처럼 눈썹을 꿈틀거리며 큰소리를 친다.
"우리 미연이 뱃속에 정씨 집 자손이 있는디 아부지 참말로 와 이러신다요? 어무이는 손자 안 보고 싶으시요?"
어머니는 아버지 눈치 보랴 며느리 눈치 보랴 아들 눈치 보랴 어쩔 줄을 몰라 했다.
"아고, 영감. 뱃속의 아를 생각해서라도 일단 방으로 들어가서 이야기 하시요. 으쨌거나 정씨 집 자손 아인당가요?"
아버지의 언성은 더욱 높아져서 집안이 떠나갈 듯했다.
"정씨 자손은 우리 집 며느리만 만들 수 있다. 이놈아, 시방 어따데고 씨잘데기 없는 소리를 찌걸인다냐?"
아버지와 남편의 언성이 높아지는데 준경의 가슴에 송곳처럼 찌르는 말이 귀에 쏙 들어온다. 근택의 또박또박한 목소리다.
'우리 미연이⋯⋯우리 미연이⋯⋯.'
'내 이름 한 번 불러준 적이 없는디. 우리라는 말이 이리 다정한 말이구먼. 남편도 저래 다정한 눈빛이 있구먼.'
'우리 미연이'를 바라보는 근택의 눈은 애절했다.
눈으로는 보이는데 갑자기 모든 소리만 사라지며 준경은 멍

해진다. 소리가 사라지고 다른 여인을 바라보는 남편의 절절한 눈빛에 어질어질하다가 그 자리에서 푹 쓰러졌다.

 가물가물 불빛이 시야에 들어오는데 준경은 직감적으로 느꼈다.
 '나가 기절했다 깨나는 거구먼. 뭐땀시 깨난단 말이다냐? 차라리 이대로 죽어뿐지고 말것을.'
 눈꺼풀을 억지로 밀어 올려 보지만 무겁기만 하고 눈을 뜨고 싶지도 않다. 가물가물 빛이 느껴지는데 깨어나서 또 견뎌내야 할 시간들이 두려웠다. 첩의 바가지 배가 천장에 둥둥 떠다니는데 꿈이 아니라는 사실이 너무나 절망적이다.
 순희댁은 눈물을 흘리며 말한다.
 "아고 작은 마님. 참말로 다행이지라. 삼 일 만에 깨셨어라. 이라다가 시상 배리는 줄 알았당께요. 정신이 좀 드셔라?"
 며느리가 깨어났다는 소식에 시아버지가 제일 먼저 한달음에 왔다. 누워 있는 준경의 손을 잡고 위로한다.
 "아가. 정씨 집 며느리는 준경이 니 하나랑께. 절대 낙심할거 없구마."
 눈물이 주르륵 귀속으로 흘러 들어가며 눈도 귀도 뜨겁다. 가슴도 같이 아프게 저려온다. 목을 옆으로 돌릴 힘도 없고 겨우 입을 열어서 나지막하게 말한다.

"아부지. 심려를 드려가 지송하요."

시아버지 목소리를 들으니 또 서러움이 밀려들었다. 첩이 아를 가져도 며느리는 준경이라고 이야기해주고 걱정해주는 마음이 무척 고마웠다.

'그랴, 아부지를 봐서라도 기운 차리고 인나야제…….'

비가 내리듯이 눈물이 멈추지 않는다.

미연이는 준경이 쓰러진 다음 날, 바로 몸을 풀었고 딸 이름이 문심이라는 것을 순희댁에게 들었다. 집안에서 들려오는 갓난아기 울음소리가 준경의 귀를 찢고 가슴을 뚫고 들려온다. 그 울음소리가 들리면 준경도 같이 눈물이 나온다. 아기의 울음은 희망의 소리고 준경의 울음은 절망의 소리다.

기력을 쉽게 회복하지 못하고 곡기가 들어가도 소화가 잘 안 됐다. 누우나 앉으나 불안하고 가시방석이다. 순희댁과 순희 또한 아기 울음소리가 날 때마다 마음 아파서 어쩔 줄 몰라 했다.

"영감 마님께서 작은 마님 땀시 을매나 근심을 깊게 하셨던지 진지도 지대로 못드셨지라. 그랑께 마이 드시고 싸게 기운을 차리셔라."

"고맙구마. 나가 아부지를 생각해서라도 싸게 인나야제."

아버지의 사랑에 다시금 목이 메고 간호해주는 순희댁에게도 고마웠다.

그 날 이후 준경은 남편에 대한 실오라기 같은 기대가 모두 무너졌다. 다른 여자와 자식까지 낳은 남편에게는 더 이상 희망이 없다. 부부의 삶은 포기하고 마음의 홀로서기가 시작되었다. 순희에게 이야기를 들려주면서도 멍하니 딴 생각을 하곤 했다.

시어머니는 며느리 보기도 안쓰럽지만 자손을 낳은 첩에게도 함부로 하지 못한다. 시아버지 몰래 다과와 곶감을 첩에게 주는 시어머니를 보고 섭섭하기도 했지만, 시어머니를 이해 못하는 것도 아니다. 그런데 시아버지는 첩의 근처에도 가지 않고 몸조리가 끝나면 빨리 내보내라는 말만 시어머니에게 한다. 시아버지의 이런 모습이 준경에게 무척이나 큰 힘이 됐다.

'그랴, 내는 정씨 집 며늘이구먼. 나가 본처구먼.'

준경은 몇 번씩이나 발걸음이 바닷가 방파제로 향한다. 집에 있자니 가슴이 답답하고 막상 나가면 딱히 갈 곳이 없다. 동네 사람들의 인기척이 드문 곳을 찾아다니는 것도 고역이다. 아무 잘못도 없이 사람들 낯을 피해 다니며 죄인처럼 사는 것이 버거웠다.

'저 바닷속에 뭐가 있을꼬. 용왕님이 참말 살아있을까나? 풍덩 들가서 야그나 할까나? 심청이처럼 내도 빠져 죽을 핑계라도 있으면 좋겠구먼. 효도 한다고 죽은 심청이가 겁나게 부럽구먼.'

누구를 붙들고 이야기할 곳이 없으니 애꿎은 바다만 쳐다보다가 돌아오곤 했다. 자유롭게 날아다니는 갈매기를 보니 다음 생에 다시 태어난다면 아무 생각도 없는 미물로 태어나고 싶었다.

미연이가 집에 들어온 후로는 준경은 집주인이 아니라 손님 같다.

점점 아기 울음소리가 익숙해지고 거역할 수 없는 정씨 집안의 자손이 태어났음을 실감했다. 삼칠일이 지나고 천사같은 아기의 얼굴을 처음 보는 순간 눈물이 툭툭 떨어졌다. 첩을 보는 것처럼 당연히 미울 거라 생각했지만 무어라 설명할 수 없이 아기는 전혀 밉지 않았다.

'정씨 집안의 자손이란 말이지라?'

조심스럽게 아기를 안으니 생명의 신비감이 전해지며 서러움이 울컥 올라왔다. 시어머니는 아기를 준경에게 자주 맡겼다. 그 또한 본처에 대한 권리를 주고 며느리로 인정해주는 처신이다. 그것이 나름 시어머니의 배려인 것을 안다.

"작은 아가 니는 몸조리 해안께 큰 아가에게 문심이는 맡겨 불라."

미연이는 해산 후에 계속 어지럽고 젖이 잘 안 나와 아기를 돌볼 형편이 아니었다. 보약을 먹고 누워 쉬다가 간신히 젖만 먹였다.

어미 품에 안겨 젖 먹는 갓난아이의 모습은 경이롭고 신비하다. 준경은 문심이를 안고 있는 첩이 부럽고도 미웠다. 하지만 문심이를 안으면 밉기는커녕 천사같이 곱게만 느껴졌다.

사람은 자기 그릇대로 생각한다고 미연이가 얼마나 속이 좁은지 자기 딸이랍시고 문심이를 예뻐하는 준경을 못마땅하게 여겼다. 문심이는 준경이가 안아주면 울지도 않고 기분이 좋아 눈을 마주치며 옹알이를 했다. 그러다 보니 차츰차츰 문심이랑 지내는 시간들이 행복해지기 시작했다. 어머니는 그런 며느리를 더욱 인정했고 남편은 아이에 대한 애정도 컸지만 미연이가 아픈데 아기를 봐 주니 좋아했다. 그만큼 남편의 마음에는 미연이와 문심이만 자리하고 있었다.

아랫사람들은 첩이 엄살을 부린다고 수군거렸고 문심이를 안고 있는 준경을 측은하게 여겼다. 하지만 아기를 안고 있을 때는 복잡한 다른 생각이 들 겨를이 없이 젖 냄새와 옹알이에 취해 정이 들어가기만 했다. 낳은 정만큼 기른 정도 깊다는 것이 이해됐고 누가 아기를 키우라고 하면 키우고 싶었다.

시아버지는 진지하게 물었다.

"아가, 문심이 안 봐도 되는데 와 고집을 부린다냐?"

"지는 아부지 자손이라 생각항께 참말로 문심이가 귀하구먼유. 그라고 집안에 아 울음소리가 난께 사람 사는 집 같이 벅적거려서 좋지라. 아부지도 문심이 좀 자주 보시라요."

홀로서기 45

"근택이가 아를 아무리 많이 낳아도 내 며느리는 준경이 니 하나구마."

시아버지는 그 후로도 절대 첩을 제대로 쳐다보지 않았다. 며느리는 하나고 자손도 며느리를 통해 보겠다는 아버지의 확고한 의지는 준경을 위로하고 힘주기에 충분했다.

남들은 믿지 못할지라도 준경은 아기가 점점 더 예쁘고 정이 들어갔다. 준경 또한 이런 마음이 드는 것이 신기했다. 두 뺨은 홍시처럼 볼록하니 발그스름하고 옹알거리는 입술 사이로 숨소리가 새어나올 때마다 입맞춤을 하고 싶었다. 눈썹 색깔은 보일랑 말랑 흐릿한데 속눈썹은 어찌나 긴지 깊은 눈매와 초롱초롱한 눈동자 위를 덮었다. 옹알거리는 표정과 솜털 같은 피부를 만질 때는 세상에서 처음 경험하는 별천지 신기함 속으로 들어갔다. '생명이 무엇인가'라는 생각이 저절로 들었고 이런 아기를 낳고 싶은 마음이 간절했다.

시아버지는 이런 준경의 착한 마음, 진심을 알았기에 손녀딸 이름을 문심이라고 지어준 것이다.

"문준경의 마음, 착한 마음, 그런 뜻으로다가 문심이라는 이름을 지은기라."

"아부지, 그런 뜻이 있었어라? 참말로 감사하요."

이름을 듣고 보니 문심이가 더욱더 정이 갔다. 준경과 시아버지는 서로의 진심을 느꼈다. 시아버지는 며느리에게 미안한 마음이고 준경은 시아버지의 자손을 귀하게 여기는 마음이었다.

아이를 낳은 첩의 기세등등함은 초조함과 분노로 바뀌기 시작했다. 아이를 잘 봐주는 본처에게 고마워하는 것이 아니라 질투를 했고 시아버지가 자기를 인정하지 않는다고 남편을 닦달했다.
"정씨 집 자손까지 낳은 나를 이래 박대하는 아버님은 너무 하신거 아녀라? 나가 무시 당하는 것을 당신은 보고만 있을 거시라요?"
손주를 낳으면 본가에서 떵떵거리고 살 줄 알았는데 여전히 첩의 신분이고 달라진 것이 없다. 근택은 조강지처에게 미안한 마음은 손톱만치도 없고 그저 첩을 달래고 위로하느라 진땀을 뺀다.
"미안타 미연아, 쪼깨만 더 참아보더라고."
남편의 미안하다는 소리를 한 번 못들은 준경은 서럽고 허무했다.
"어무이는 와 문심이를 형님에게 맡겨부서 형님 아처럼 끼고 돌게 한당가요?"
"당신 몸조리하라고 그러는 거제. 문심이가 어데 도망가는 것도 아니잖소? 몸조리나 잘하더라고."

두 사람의 대화를 듣는 내내 속에서 무거운 천불이 올라오며 억울했다.

'지 새끼를 잘 봐주는 본처에게 고마워하기는커녕 오히려 불만을 가지는 저런 본 때 없는 여자가 뭐땀시 좋다요?'

속으로는 남편에게 큰소리로 따지지만 막상 남편 앞에 서면 주눅이 들어 한마디도 튀어나오지 않았다. 죄지은 것도 없이 죄인처럼 사는 세월이 야속하다. 사랑받지 못하는 사람은 늘 기가 죽고 초라한 법이다.

남편은 아버지에게 첩을 인정해달라고 또 한 번 부탁을 했지만 큰소리로 꾸중만 들었다.

"이놈아, 당장 내쫓을라 해도 우리 며느리가 문심이를 이뻐라해서 봐 주는기라. 말귀 알아묵겄냐?"

아버지와 아들의 극한 대립은 문심이를 낳고 더욱더 심해졌다.

"아부지, 인자 지도 아부지 안보고 살겠스라. 지는 아부지가 좋아하는 저 사람은 꼬라지도 보기 싫당께요."

꼬라지가 보기 싫다는 말이 가시가 되어 준경의 마음에 박힌다.

'그려, 그려. 나가 보기 싫으면 보지 말고 사소. 아부지가 저래 나를 생각하는데 내는 아부지 생각해서라도 정씨 가문 며느리 노릇 잘하고 정씨 집안 며느리로만 살겠스라.'

마음을 굳게 먹고 홀로서기를 하며 며느리로서 최선을 다해서 시부모를 봉양했다.

남편과 첩은 이제 본가에서 인정받는 것을 포기하고 몇 개월이 흐른 후에 임자도로 돌아갔다. 그러고는 이 년 후 또 아들을 낳았다는 소식을 들었다. 임자도에 터전을 내리고 잘 산다는 소식을 들으며 서러움이 불쑥 올라오곤 했다. 한편으로는 눈으로 직접 보지 않아서 다행이라는 생각도 들었다. 문심이의 젖냄새만 문득 문득 그리웠다.

시어머니는 시아버지 몰래 일 년에 한두 차례 임자도에 들렀다 오곤 한다. 손주들을 보고 오면 화색이 돌았다.
"아따, 야야. 문심이도 마이 컸더랑께."
문심이를 그리워하는 며느리의 마음을 알아 시어머니는 소식을 전해준다. 하지만 속절없이 소식을 전해주는 시어머니가 한편으로는 원망스럽기도 했다. 잘살고 있다는 소식이 어머니처럼 마냥 기쁘지만은 않기 때문이다. 문심이를 그리워하는 마음과 별개로 복잡한 심정이 드는 것은 어쩔 수가 없다. 그리고는 또 이러면 안 된다고 마음을 돌리곤 했다.
'그려, 인자 미워하지 말잖께. 내는 문심이 큰 엄마당께.'
그렇게 반복되는 일상은 그래도 아버지의 버팀목 사랑 덕분에 정씨 집 며느리로 살아가게 했다. 남편도 없는 집에서 이렇게 긴 세월을 시부모와 더불어 잘 지내는 것도 드문 일이다. 첩을 며느리로 인정하는 시어머니에게 섭섭한 마음도 있지만 애

홀로서기 49

써 마음을 돌이켰다.
 '그려, 내도 문심이가 이래 보고 자픈디 어무이야 말해 뭐하겄나? 내색도 몬하는 아부지께 지송할 뿐이구먼.'
 하나씩 기대를 접으며 시간은 그렇게 흘러갔다. 희망이 없이 사는 것은 죽은 삶과 다를 바가 없다. 준경의 가슴은 더욱더 바짝바짝 메말라갔다. 쩍쩍 갈라진 논바닥에 아무리 가뭄이 길어도 결국 기다리다 보면 비가 내려 논바닥을 적시고 온 대지를 촉촉하게 적신다. 하지만 사람의 가슴에는 기다려도 영원히 오지 않는 단비가 있다. 사람의 마음은 억지로 되지 않는다.
 '그 마음을 붙들지 못했는디 혼인이라는 굴레로 이리 사는 기 참말 맞는당가?'
 깊게 생각하면 답이 안나왔다. 소박맞은 여인이라 손가락질 당하는 것도 허망하고 첩의 소식을 들을 때마다 심장도 한 뼘씩 굳어지는 것 같았다.

 푸드득 소리 내며 새 한 마리가 멀리멀리 날아간다. 험난한 가시밭길을 이제 그만 걷고 훨훨 날아가라는 듯 준경의 머리를 빙빙 돌다가 눈에서 멀어지며 창공을 휘저으며 간다. 아마도 그 새는 다시는 돌아오지 않으리라. 아니 돌아오지 말거라.
 '그랴, 내도 저 새처럼 하늘로 훨훨 날이기뿐지고 싶딩께.'

제3장

절벽에서 천국의 계단으로

오직 여호와를 앙망하는 자는 새 힘을 얻으리니
독수리가 날개 치며 올라감 같을 것이요
달음박질하여도 곤비하지 아니하겠고
걸어가도 피곤하지 아니하리로다 이사야 40장 31절

시아버지가 아침 일찍부터 장에 가자고 서두른다.
"아가, 우리 오늘은 장에 가자구먼."
목소리가 다른 날보다 활기차다. 준경도 덩달아 기분이 좋다.
"아부지, 장날 구경은 참말로 좋지라."
한껏 부풀어 길을 나선다. 꽃과 나무, 바람에게 고향소식도 묻고, 장날 나들이는 일상에서 벗어나 행복한 날이다. 파란 하늘을 바라보면 속이 시원하고 구름은 환한 웃음으로 반겨준다.
'시집오기 전으로 돌아갈 수만 있다민 을매나 조을까나. 친정 어무이 아부지가 참말로 보고 싶구나.'
남편과 잘 살고 있지 못하니 당연히 친정 나들이도 없다.
'이 꽃은 어째 저리 고향에서 보던 꽃이랑 같다냐?'
돌아오며 장에서 먹는 국밥 맛 또한 일품이다. 지천에 널려 있는 꿈과 땀, 저마다 사연을 안고 힘차게 달리는 사람들의 장날 풍경은 시름을 접고 새로운 힘을 준다. 뭇 사람들의 북적거림 속에 눈치 볼일 없이 마음 편하게 피어오르는 웃음이 좋다. 시아버지와 함께하는 나들이는 현실을 잊게 하고 활력을 준다.
　장 구경을 하고 국밥도 먹고 시아버지는 막걸리도 한 사발 한다.

　　짜증을 내어서 무엇하리 성화는 부려서 무엇하리
　　인생 일장춘몽인데 아니 놀지는 못하리라
　　니나노 늴리리야 늴리리야 니나노

　시아버지가 부르는 노랫가락은 언제 들어도 친근하고 구성찬 목소리다.
　지전에 들러 종이와 붓을 산다.
　"며늘아 인자부터 글공부를 해보자이, 아부지가 가르치 줄끼구먼."
　시아버지는 종이와 붓을 준경에게 주며 말한다.
　"아부지 뭐시라고야? 이것을 참말 지를 주는거여라?"
　어찌나 좋은지 함박웃음이 절로 나왔다. 어렸을 때부터 그렇게 배우고 싶던 글을 시아버지에게 배우게 되리라곤 생각도 하지 못했다.
　며느리가 많이 좋아할 것을 알기에 시아버지도 장에 나갈 때부터 그렇게 기분 좋았던 거다. 선물을 주는 사람도 받는 사람만큼 좋은 법이다.

  준경은 낮에 배운 글을 밤에 초롱불 아래서 어두운 줄도 모르고 반복하여 읽고 쓰고 했다. 낮이나 밤이나 온통 머릿속에 글자가 떠나지 않았다. 아침에 기대감으로 눈 뜨는 것을 처음으로 경험했다. 늘 무기력하게 남편만 기다리던 시간들과는 달랐다. 자려고 누워서도 빨리 아침이 되어 글공부를 하고 싶었다.
"며늘아, 글 공부하자이."
"야, 아부지, 밤에 잠도 잘 안 왔스라."
"아가, 글 배우는 기 그리 좋으냐?"
"야, 아부지. 참말로 좋아라."
  한 글자 한 글자 알아 갈수록 뿌듯함과 성취감은 컸다.
  글을 알게 되니 시아버지가 읽던 책들도 볼 수 있고 아버지는 장에 오가며 읽을 만한 책들을 사다 주었다.
  아버지도 이제 막내아들이 며느리에게 돌아오는 것을 포기해서 며느리에게 무엇인가 해주고 싶었다. 그래서 생각한 것이 글공부다. 그동안 아들에 대한 기대와 기다림을 반복한 것은 아버지도 마찬가지다. 평생 며느리 곁을 지켜줄 수도 없는 것을 잘 알고 있었다.
"아부지, 글을 익히니께 시상이 달라 보인다 안하요."
"긍께, 우리 며늘이가 지혜가 있고 영특해서 그런기여. 배우는 것을 싫어하는 사람이 더 많구먼."

그즈음 순희는 혼인날을 받았다. 시아버지가 잘 아는 집에서 일하는 강수일이라는 성실하고 건장한 청년이었다. 시아버지가 주선했으니 믿을 수 있어 안심이 됐다. 딸을 보내는 순희 댁 부부만큼 준경이도 서운했다. 그리고 아버지께 배운 글을 순희에게 가르쳐 줄 수 없어 아쉬웠다.

"글자를 쪼깨라도 배우고 갔시믄 좋았을긴디 말이여."

"작은 마님, 시방 글이 문제가 아니라 시집가서 마님 보고자 파서 어쩐다요?"

"아고, 시집가면 달콤한 꿀단지가 기다리고 있은께 걱정 말아라이."

순희가 결혼하여 남편 사랑 많이 받고 행복하게 살기를 바라는 마음만 가득했다. 순희가 시집을 가니 많이 허전했다. 결혼을 한 후 10년도 넘게 같이 살아온 순희는 마치 딸처럼 남편처럼 그랬다. 하지만 늘 외로움에 익숙한 준경은 그 또한 잘 적응했다. 남편에게도 버림받아본 여자가 어떤 이별이 두렵겠는가?

하지만 정녕 견딜 수 없는 슬픔은 그 후에 곧 닥쳤다. 감당하기 힘든 가장 가파른 절벽에 섰다. 그렇게 바람막이가 되어준 시아버지도 세월의 무게를 비켜 갈 수가 없었다. 노환으로 얻은 병치레가 잦아지며 건강 상태가 나빠지더니 자리에 몸져누웠다. 영원하지 않은 사람의 생명임을 알면서도 막상 죽음이 닥쳐오니 당황스럽고 무서웠다.

"준깅아. 나가 니를 며느리로 만나 참말로 행복하고 미안했구먼. 아부지랑 근택이랑 용서 하그라이."

숨을 쉬지 않는 아버지의 모습이 믿어지지 않았다. 그동안 참았던 눈물이 봇물 터지듯 흘러넘치며 통곡했다. 더 이상 붙들고 있을 희망의 끈이 없고 살아갈 날도 두려웠다.

"아부지, 지는 인자 어째 산당가요. 지도 뗄꼬 가시소."

꾹꾹 누르고 참았던 눈물이 한꺼번에 터졌다. 그동안 버티며 살았던 긴 슬픔의 무게까지 같이 토해냈다. 참고 견디며 큰소리로 울어보지도 못한 시간들이었다.

진정 준경은 살아갈 자신이 없었다.

'이 시상 천지에 누구를 의지하고 산단말이고?'

버팀목이 사라진 후 모든 것이 혼란스러웠다. 어떻게 살아야 할지 방향을 잡아주던 시아버지는 더 이상 답이 없었다. 시댁에서 계속 살아야 하는지 아니면 나가야 하는지도 판단이 잘 안섰다. 설상가상으로 시아버지를 보내고 홀로된 시어머니마저 시름시름 앓았다.

"어무이요. 죽이라도 드셔야지라."

"시방 생각 없구먼."

시어머니는 음식을 제대로 먹지 못하고 누워서 일어나지를 못했다. 일단 병수발이 우선이고 자신의 슬픔을 추스를 겨를이 없었다.

준경은 그 후로도 시어머니를 극진하게 봉양하며 시아버지 3년 상까지 다 모신다. 그 후에는 큰 시숙집으로 시어머니와 같이 들어가서 살았다.

준경은 내 몸으로 난 자식이 없었지만 아이들을 유달리 예뻐해서 조카들과도 마음을 나누며 잘 지냈다. 조카들도 준경을 잘 따르고 좋아했지만 영원히 머무를 상황은 아니었다. 남편도 없는데 시숙 집에서 같이 지내는 것이 불편하고 무엇보다 시아버지 없는 시댁은 더 이상 내 집처럼 느껴지지 않았다.

'그려, 나가 빠져주면 다 되는 기라.'

시어머니도 손주들과 함께 살아야 기력이 회복될 것 같았다. 서운한 마음보다는 그 심정이 이해가 갔다. 손주가 이뿐 짓 하는 것을 보며 힘을 얻는 할머니를 누가 뭐라 한단 말인가? 준경 또한 아주버님이 신경 써주고 잘해주면 잘해줄수록 미안했다.

"제수씨, 혼자 나가서 사는 건 안 되지라. 돌아가신 아부지께서 맴 편히 눈 못 감지라."

"아주버님의 마음만 고맙게 받겠스라."

준경은 결단을 하고 목포로 방을 얻어 나왔다. 그나마 목포에는 친정 오라버니가 자리 잡고 살고 있어 이것저것 세간을 들이는 데는 도움이 됐다.
"여자는 시집가서 서방 사랑받고……."
 친정 아버지의 예전에 했던 말이 가끔씩 가슴을 후벼 팠다. 그런데 무섭게 호통치던 그 말도 아버지의 깊은 사랑이었음을 느끼며 부모님이 무척 그리웠다. 하지만 부모님이 보고 싶다고 친정으로 돌아가서 문씨 집안에 먹칠을 할 수는 없었다.

 어렸을 때 친정아버지 덕분에 배운 재봉기술이 요긴하게 쓰였다. 그때는 바느질을 배우는 것이 재미없고 싫었는데 삯바느질을 해서 생활비를 벌었다. 재봉기술이 밥벌이가 될 줄은 꿈에도 생각 못했고 무엇이든 배워두면 요긴하게 쓰이는 것을 실감했다.
 목포 상가에 친척이 터전을 잡고 있어 손님 소개도 해주고 이것저것 애를 써줘서 정착하는 게 그나마 수월했다.
'하늘이 무너져도 솟아날 구멍이 있는 뱁이여.'
 바느질 솜씨가 꼼꼼하고 정교한데다 한 땀 한 땀 정성을 다하니 바느질 방은 손님이 제법 들었다. 재봉틀로 옷 수선도 하고 누비로 된 고급 옷도 만들어서 팔았다. 바느질이 많이 들어간 고급 옷은 양반댁 돈 있는 부인들이 좋아해서 단골고객이 확보되었다.

어느 날 밤 비가 억수같이 쏟아지고 천둥번개가 치는데 무서워서 화장실도 못 가고 꼼짝없이 앉아 있었다. 남편은 없었지만 늘 시부모님과 함께 살았던 준경은 혼자서 이런 밤을 지내기가 버거웠다. 낮에는 바느질을 하며 쉴 틈 없이 지내는데 밤만 되면 잠이 깊게 안 들고 뒤척이는 날이 많았다. 그전에 시댁에서 살 때는 외로움이 힘들었다면 분가한 후에는 무서움이 힘들다. 문을 꽁꽁 걸어 잠가도 부스럭 소리가 나면 몸부터 가누며 숨죽였다. 그럴 때마다 제일 무서운 부엉이 소리는 바람 소리에 더 크게 들렸다. 머리를 무릎에 파묻은 둥근 원 모양으로 밤을 새기도 하고 이불을 뒤집어쓰고 땀으로 흠뻑 적시며 밤을 보내기도 했다.

장마로 비가 며칠을 퍼부은 후 천장에서 물이 똑똑 새서 쌓아놓은 옷감 원단과 만든 옷이 젖고 말았다. 밤새 워낙 비가 많이 내려 약한 천장에 빗물이 아주 조금씩 샌 것이다. 비가 한꺼번에 많이 샜으면 알았을 텐데 아무것도 몰랐다. 하마터면 모든 원단과 재봉틀마저도 물에 모두 젖을 뻔했다. 어떤 일이 일어나는지도 모르고 천둥소리가 무서워 이불을 뒤집어쓰고 잔 꼴이다.
'이게 무신 청승인지……. 나가 으짜다가 이런 처지가 됐다냐?'
혼자 사니 편한 것은 마음껏 울 수 있는 기다. 눈치 볼 사람이 없으니 실컷 울고 싶을 때까지 운다. 울고 난 후 비가 샌 방을 대충 정리하니 온몸에 힘이 쫙 빠졌다. 옷감 정리하고 말리는 것이 예삿일이 아니다. 오뉴월인데도 오돌오돌 춥고 열이 나더니 몸살 기운에 꼼짝할 수가 없었다. 바느질 품삯 받으러 가는 것도 못하고 젖은 옷을 새로 만들지도 못하며 며칠을 끙끙 앓았다.

"옷 만드는 날짜를 한 번도 어기지 않는 사람이 무슨 일이라요?"

"지송하요. 지가 아파서 아무 일도 못했스라."

그동안 쌓은 신뢰가 있기에 눈에 띄게 수척한 준경의 얼굴을 보고 측은히 여기고 이해해주는 사람이 더 많았다.

"부인, 몸이 먼자지. 싸게 기력을 회복하시소."

하지만 개중에는 듣기 험한 말을 하며 거래를 끊겠다고 하는 냉정한 사람도 있다. 사람은 다 가지각색이라는 것을 또 한 번 깨달았다.

'시아버지같이 너그러운 사람도 있고 남편같이 냉정한 사람도 있는 뱁이여.'

아무것도 먹지 못해서 기운을 차릴 수가 없었다. 누가 들여다보지 않는 한 이렇게 혼자 죽어도 아무도 모를 상황이다. 몸이 아프니 혼자 사는 것의 설움을 뼈저리게 느꼈다. 친정 오라버니와 올케가 가끔 들여다보는데 그즈음 서울에 일 보러 간 시점이었다.

'이러다 아파 죽어뿐지도 아무도 모르겠네 그려.'

그 날, 앓아누워 있을 때 생생하고 묘한 꿈을 꾸었다.
세숫대야의 구정물 같은 흙탕물이 맑아지면서 내려다본 물속의 비친 얼굴은 준경이 아니다. 물속에 자신의 얼굴이 아닌 다른 얼굴이 비치니 놀라서 손으로 물을 저으며 자세히 보았다. 잘 보이지 않는 얼굴이지만 너무나 온화한 표정과 미소만은 확실하게 보여서 시아버지인가 싶어서 부르며 잠을 깼다.
'아부지, 아부지…….'
'아부지가 계속 보고 자팠는디 꿈에서라도 본게 참말로 좋네 그려.'
꿈에서라도 시아버지 비슷한 얼굴과 미소를 본 준경은 무척 반가웠다. 꿈이 어찌나 생생하고 묘한지 길몽인지 흉몽인지 분간이 안갔다. 자신도 시아버지를 따라 하늘나라를 간다는 꿈인지 아니면 시아버지가 좋은 일을 주신다는 뜻인지 헛갈렸다. 그 어떤 쪽이라도 괜찮다. 단지 시아버지를 꿈에서라도 한 번 만난 것이 좋았다. 하지만 꿈도 잠시라고 했던가? 꿈에서 깨니 그립고 허망한 마음속에 어제와 똑같은 막막한 현실만이 기다리고 있다.

꿈을 꾼 그 날은 목포시장도 유난히 시끄럽다. 또 어딘가에서 예수 믿으라는 소리가 크게 들린다.
'시상천지에 믿을게 어딨다고? 예수는 또 뭐시여? 외 저라고 댕기쌌는지 참말로 거시기하구먼.'

바느질 방에서 일하다 보면 북소리와 꽹과리, 징소리가 크게 울려대는 날이 있다. 인근 교회에서 전도를 나오는 날이다.

"예수 믿고 영원히 죽지 않는 천국 복락을 누리시라요."

북소리 꽹과리 소리가 들리고 사람 소리가 들리기를 반복했다. 아무 관심이 없지만 귀는 열려있으니 바느질을 하며 무의식적으로 듣는 정도였다.

앓고 나서 일할 기운도 없어서 우두커니 앉아 있는데 바느질 방에 전도부인[5]이 찾아오고 처음으로 성경말씀을 듣는다.

"안녕하셔라 들어가도 되겠스라?"

문을 두드리는 소리에 멍하니 무심하게 대답했다.

"시방 좀 힘등께 낭중에 오시지라."

그런데도 전도부인은 문을 스르륵 열고 들어온다. 전도부인은 준경의 몰골을 보고 깜짝 놀랐다. 아무것도 희망의 빛이 없는 넋 나간 얼굴에 핏기없는 환자의 모습이다.

"자매님, 어디 아프시지라. 시방 지가 기도해드릴께라."

"......"

처음 보는 얼굴인데도 예전부터 알고 있는 사이인 듯 익숙하게 느껴졌다. 준경이 대답할 겨를도 없이 전도부인은 한마디

---

5. **전도부인**傳道婦人 선교 초기에 선교사들의 지휘를 받으며 시골에 나가 성경책과 전도책자를 팔면서 전도하던 여성 사역자를 일컫는다. 남성의 경우엔 권서勸書 혹은 매서인賣書人이라 불렀다.

한마디 전했다.

"하나님이 세상을 이토록 사랑하사……."

"하나님은 자매님을 겁나게 사랑해뿐지요."

"우리는 모두 죄인으로 태어났지라. 그래서 사람이 악하고 살기가 힘든 것이지라. 그런데 하나님이 우리에게 예수님을 보내주셔서 우리는 예수를 믿기만 하면 죄에서 벗어나 구원받을 수 있지라."

전도부인의 말들을 이해할 수 없지만 괜히 마음이 움직였다. 몸이 아프고 힘들어서인지 지나간 세월이 떠오르며 서러움에 예상치 못한 눈물이 나왔다.

예수 이야기에 감동했다기보다는 아픈 몸을 위로해주는 그 마음이 고마웠다. 전도부인은 돌아가더니 준경을 위해 살뜰하게 전복죽을 끓여 다시 왔다.

"일단 죽을 자시고 기력을 차리셔야겠스라."

영육의 양식을 공급받으며 준경은 회복되어 갔다. 예수는 잘 모르지만 예수를 전해주는 부인의 따뜻한 마음은 느낄 수 있었다.

전도부인은 그 다음 날부터 하루도 빠지지 않고 준경을 챙겨주고 서로 이야기를 나누었다. 과거 이야기를 캐묻지 않아도 전도부인에게 자신의 고단했던 지난 삶을 솔직히게 이야기하게 되고 준경을 사랑한다는 예수 이야기에 호기심이 생겼다.

전도부인의 얼굴은 참 평안해 보이고 그와 이야기를 나누고 있으면 준경도 마음이 편했다. 전도부인은 예수가 주는 평안을 누리길 바란다는 기도를 날마다 했다.

준경의 이야기를 담담하게 그러면서도 진지하게 들어주는 전도부인이 고마웠다. 이야기 도중에 눈물도 흘렸지만 부끄럽거나 후회되지 않았다. 오히려 준경은 자신의 이야기를 하며 무엇인가 속이 후련해졌다. 행복했던 어린 시절 이야기도 하고 남편 원망도 하고 소실 욕도 하고 그리운 시아버지 이야기도 하면서 전도 부인이 친정 어머니처럼 푸근하게 느껴졌다.

십자가에 돌아가신 예수 이야기를 들으며 의문과 놀라움이 함께 들었다. 온전히 다 이해할 수 없지만 준경의 가슴에도 사랑이 살포시 전해졌다. 눈물이 자꾸 나왔고 전도부인의 정성과 진심 어린 사랑이 준경의 마음을 움직이는 계기가 되었다.

준경은 예수 이야기를 전해 듣고는 점점 살 소망이 생겼다. 이 땅에서의 삶이 끝이 아니라 천당이 있다는 믿음이 생겼다. 예수를 믿고 구원을 받으면 새로운 삶이 준비되어 있다는 소식에 준경은 기뻤다. 복음의 충만함으로 얼굴에 빛이 나고 바느질할 때도 콧노래가 나왔다. 스스로의 힘으로는 도저히 있을 수 없는 일이다. 예수를 알고 난 이후의 시간은 인생의 전환점이다. 글을 알았을 때도 그렇게 좋았는데 그때와는 비교도 안 되는 평안과 행복이 함께 왔다. 분명 새롭고 밝은 신세계에 한

발 들여놓은 것이다.

"바느질 부인, 좋은 일이 있지라? 얼굴이 활짝 폈네그려요."

"야, 지는 신랑을 다시 만났지라."

"그랑께. 시집을 가는 거지라?"

"야, 지 신랑은 누구냐면 예수라고 들어보셨지라?"

바느질 방 손님들에게 예수 이야기를 하고 농담도 하며 그냥 자꾸 웃음이 나왔다. 준경 스스로도 자신의 변화가 신기했다. 전도부인의 헌신과 사랑은 천하보다 귀하다는 한 생명을 이렇게 천국의 계단에 올려놓았다.

준경이 훗날 생각해보니 꿈에 나타난 세숫대야에 보인 얼굴은 예수님임을 짐작했다.

'예수님 얼굴이구먼. 참말 예수님 얼굴 같구먼.'

예수님은 이미 예비하시고 전도부인을 보낸 것이다. 하늘나라에서 예수님을 만난다면 이 땅에서 유명한 목사나 이름 날린 사람들보다 이런 이름 없는 평신도들에게 상급이 더 클 것임을 짐작하게 한다. 보이지 않는 곳에서 이름 없는 헌신이 얼마나 하나님이 기뻐하시는지 말이다. 준경이 그날 예수 이야기를 전해 듣지 못했다면 아마도 삶을 그렇게 쓸쓸하고 의미 없이 살다가 죽었을 것이다. 예전의 외로운 여인 준경은 숙고 행복한 예수의 사람으로 세상에 다시 태어났다.

내가 그리스도와 함께 십자가에 못 박혔나니
그런즉 이제는 내가 사는 것이 아니요
오직 내 안에 그리스도께서 사시는 것이라
이제 내가 육체 가운데 사는 것은
나를 사랑하사
나를 위하여 자기 자신을 버리신
하나님의 아들을 믿는 믿음 안에서 사는 것이라 갈라디아서 2장 20절

"자매님, 인자 우덜 교회에 같이 가보시자요."
"교회를야? 우세스러봐서……."
"내일 낮에 먼저 우덜 집에서 밥이나 한 끼 먹잖께요. 자매님을 초대하는 것이지라."
"지가 뭐시다꼬 초대를 한다요."
"문준경 자매님과 우리가 예수 이름으로 한식구가 된 기념이지라."
한식구라는 말에 마음이 울컥했다.

정성스럽게 차린 밥상을 보며 전도부인의 배려에 감동했다. 대접받는 상은 처음이었다. 다른 자매님들도 함께 와서 서로 이야기 나누고 맛있는 밥도 먹으며 다들 친근하게 다가왔다. 준경이 사람 만나는 거에 어색하고 주눅들어서 교회 가기를

망설이는 것을 알고 마련한 자리다.
"자매님, 인상이 참말 좋당께."
"교회에서 보면 인자 얼굴 알아보겠지라?"
다들 밝고 친절했다. 귀한 접대 받고 성경책도 선물로 받았다.
"문준경 자매님을 예수님 이름으로 사랑하지라."
성경전서를 펼치니 문준경 이름이 보인다.
"이것은 자매님의 성경책이고, 생명책이지라. 늘 주님의 말씀을 사모하시기 바란당께요."
성도들이 다 같이 준경을 위해 기도를 해주었다.
'나가 뭐시라꼬…….'
고마움의 눈물이 나오고 성경책을 꼭 껴안으며 가슴에서 환희가 차올랐다.

하나님의 말씀은 활력이 있어 좌우에 날선 어떤 검보다도 예리하여 혼과 영과 관절과 골수를 찔러 쪼개기까지 하며 또 마음의 생각과 뜻을 판단하나니 지으신 것이 하나도 그 앞에 나타나지 않음이 없고 우리의 결산을 받으실 이의 눈 앞에 만물이 벌거벗은 것같이 드러나느니라 히브리서 4장 12-13절

성경을 읽으며 그 모든 은혜를 예비하신 하나님을 만났다. 순경에게 복음이란 처음 만나는 그 순간부터 생을 끝내는 그 순간까지 진리의 등불이고 등대다.

'등대 같은 성경 말씀이구먼. 방향도 알려주고 빛도 비춰주고 말여. 내도 예수님처럼 등대지기 같은 사람이 되고 싶구먼.'
그렇게 그 여인은 처음 마음을 변함없이 지켜 섬마을 복음의 등대지기가 되었다.

제4장

만남의 축복

그 날에

산들이 단 포도주를 떨어뜨릴 것이며

작은 산들이 젖을 흘릴 것이며

유다 모든 시내가 물을 흘릴 것이며

여호와의 성전에서 샘이 흘러 나와서 싯딤 골짜기에 대리라 요엘 3장 18절

전도부인과 처음으로 간 교회는 장석초 전도사가 시무하는 목포 북교동교회다. 1927년 준경의 나이 37세, 결혼한 후 20년 만에 교회에 첫 발을 디딘 것이다.

"문준경 자매님을 주님의 이름으로 환영하지라."

장석초는 얼굴이 작고 입매가 야무지며 곱게 자란 전형적인 선비 인상에 목소리에 힘이 있다. 준경은 자신의 살아온 삶을 어떻게 설명할까 하는 부담감이 있었다. 하지만 그런 염려는 필요 없이 표정에서부터 인자함이 묻어났다. 아무리 목회자라 해도 여자 혼자 산다면 편견으로 가정사를 먼저 궁금해하는데 그저 따뜻하게만 맞아주었다.

"자매님, 주님께서 기다리셨어라. 잘 오셨어라. 환영이라요. 이제부터 주님이 자매님과 함께 하십니다."

"아무것도 모르는 지를 잘 가르쳐주시라요."

"지가 가르치는 건 하나도 없어라. 그저 주님께서 우리 자매님을 사랑하고 인도하실 것이지라."

그렇게 시작된 첫 교회의 발 디딤은 축복이 시작되는 물꼬였다. 교회를 처음 들어서는데 왠지 모를 기쁨이 준경의 몸과 마음을 감쌌다. 그리고는 찬송 소리에 계속 눈물이 나왔다.

준경의 첫 신앙의 초석을 다져준 장석초[1875-1959]는 유교가문의 외아들로 태어나 머리가 영특하고 학문 탐구의 열정이 대단했다. 새 문명을 연구하고 공부하는 것을 즐기던 그는 하와이까지 다녀오고 소학교 교사가 된다. 하지만 사서삼경에 통달하고 명심보감을 연구한들 진리를 모르는 그의 마음은 늘 채워지지 않는 허무함이 있었다. 그런 원초적인 삶의 허기를 느낄 때 다메섹 도상에서 사울이 예수를 만난 것처럼 회심의 과정이 찾아온다.

"오늘 부흥회에 많이 와준 성도님들, 그라고 오늘 처음 교회에 오신 분들 모두 불 받고 가시라요. 지가 만난 예수님 이야기를 해드리갔소. 지는 과거에는 첩도 데리고 사는 아주 행핀읎는 인간이었지라. 그란디 어느 날 길거리를 걷다가 찬송 소리에 지도 모르게 발길이 교회로 들어갔지라. 우연히 설교를 듣게 됐는디 그냥 까닭 없이 눈물이 마구 흘러 내렸지라. 그 후 믿음 생활이 시작됐지라.
성경읽기와 기도생활에만 전념하니 첩이 지의 변한 모습을 보고 재미가 없응께 지쳐서 스스로 나가뿐졌시오. 지가 쫓아낸 게 아니여. 얼마나 고맙던지라. 성령님이 하셨지라. 그리하여 본처와 다시 가정을 이루게 되었당께요. 가정이 회복되니 마음이 편안했지라.

어느 날 나가 가르치는 학생들을 데브고 서울에 수학여행 갔다가 경성성서학원을 찾아가 입학시험을 치르고 왔수다. 그란디 보름이 지나도 합격통지가 오지 않아 성서학원에 다시 찾아갔지라. 원장 목사님 말이 '당신의 이력서나 간증을 보니 합격에는 하자가 없다. 그러나 소학교 근무 2년만 더하면 당신은 15년 근무 은급[6]을 평생 받을 터인데 그것이 아쉽지 않는가? 그래서 합격증을 보류중이다.'라고 했지라.

'워매, 시방 그거이 무슨 말씀이시여? 지는 이미 하나님의 뜻을 따라 시상 돈도 명예도 분토와 같이 버렸어라.'하고 말하니 쾌히 합격을 시켜주었지라.

집으로 돌아와 학교에 사표를 낸 후 그 길로 올라가 성서학원에 입학했지라. 그때 나의 나이 47세지라. 그 늦은 나이에 입학하여 나이 50에 성서학원을 졸업하고 고향으로 돌아왔지라. 그라고 나가 부모로부터 받은 칠천석지기 재산을 다 팔아서 가난한 자와 고아와 과부들에게 몽땅 나나주고 오백 만원 가지고 목표 북교동교회를 개척하게 되었수다."

---

[6]. **은급**恩給 일제 강점기에 정부 기관에서 일정한 연한을 일하고 퇴직한 사람에게 주던 연금

말씀이 끝나자 성도들이 함성과 더불어 박수를 쳤다. 성경말씀대로 세상의 명예 재물을 모두 내려놓고 복음을 위하여 헌신하는 목사를 보니 감동했다. 준경 또한 뭔가 신기하고 놀라운 감흥이 있었다. 하나님 말씀을 듣고 첩도 정리하고 재산도 팔아 나눠주고 온전히 주님의 사랑으로 변화된 목사를 눈으로 직접 보니 성도들도 심령의 변화를 받았다.
 '바람난 사람도 돌아오게 하는 것이 예수님이구먼. 돈도 아깝지 않게 되는 것이 예수님이여.'

 예전에는 남편에게 원망과 분함이 먼저였다면 예수를 만나고 나니 남편의 인생에 긍휼함이 들었다. 그저 묵묵히 기다림을 익혔다. 기다림은 인내를 낳고 인내는 다툼을 멀리하게 됨을 깨우치게 된 것이다. 서두르고 급한 마음은 그저 자기 자신에게 상처만을 줄 뿐 아무런 해결책이 되지 못했다. 이 세상은 지나가는 나그네 길임을 알기에 천국 가는 그 날까지 주님을 기다리며 살 것임을 다짐했다.
 '주님 나라에서 주님께 안기는 순간 그 기다림도 끝나지라. 아고, 불쌍한 양반, 정근택이여. 주님, 정근택을 구원하여 주시옵소서.'
 남편을 향한 긍휼함으로 기도를 올렸다. 미움도 원망도 아닌 긍휼함으로 말이다. 준경은 자신이 만난 예수님을 남편도 만나기를 기도했다.

　장석초는 강단을 내려와 실제 삶에서도 설교와 일치된 삶을 산 것이다. 그러기에 준경 뿐 아니라 모든 성도들이 은혜받고 알곡으로 성장하는 신앙의 기틀을 마련했다.

　준경은 그 후 계속 성숙한 신앙인으로 성장하며 1927년 입교한 후 1928년 구원의 확신으로 세례를 받고 1년 후에는 집사 직분도 받는다.

　교회에 갈 때뿐 아니라 하나님 말씀이 좋고 예수님 이야기가 재미있어서 밤에도 성경을 읽고 또 읽었다. 낮에 바느질할 때는 찬송을 크게 부르며 성경책을 펼친 채로 일했다. 자꾸 성경을 읽고 싶어 일할 시간을 놓치기 일쑤였다. 창문이 덜거덕거려도 무섭지 않고 천둥 번개가 치는 밤에는 무섭기는커녕 오히려 큰소리로 성경을 읽어도 되니 좋았다. 그렇게 무서움으로 밤을 지새우던 시절은 온데간데 없었다.

　　하나님이 세상을 이토록 사랑하사 독생자를 주셨으니
　　누구든지 예수 믿으면 멸망하지 않고 영생을 얻으리로다

　'누구든지, 누구든지……'
　얼마나 좋은 말씀인가? 남자만 된다, 양반만 된다, 부자만 된다가 아닌 누구든지 라는 말이 벅찬 흥분을 주었다.

　요한복음 구절을 읽으며 준경의 머릿속엔 많은 얼굴이 스쳐 갔다.

　'친정 부모님, 형제자매, 친척, 순희, 시숙과 형님, 시댁의 식솔들 등등……'

　얼굴과 이름을 하나하나 떠올리며 영혼구원을 위한 기도를 했다.

　장석초에 이어 1929년 김응조 목사가 부임해 온다. 이마가 시원스레 넓고 안경 너머 보이는 작은 눈매는 예리함과 선량함이 함께 묻어난다.

　김응조[1896-1991]는 1919년 3·1 독립운동에 참여하여 2년 실형까지 선고받은 애국자답게 위풍당당했다. 무엇보다 성도들의 영적 상태를 세심하게 파악하는 능력이 있었다. 본인이 병을 고침 받는 은혜를 체험한 후 환자들 기도를 하면 실제로 치유되는 환자들도 많았다. 성도 한 사람 한 사람을 놓고 하는 애통의 기도 속에 신유의 은사를 받은 것이다.

　"지는 병도 주님이 고쳐주셨고 이곳으로 가라고 하신 분도 주님이지요. 문 집사님 마음속의 섭섭함이나 한스러움도 주님께 치유 받아야 하지라. 내 자신이 먼저 치유 받아야 상처빋은 타인을 위로해줄 수 있지라. 나가 구부러져 있고 상처가 있으면 남을 아프게 하고 그건 가식적인 신앙이지라. 상처를 훌훌 몽땅 다 버리시라요. 이젠 주님의 자녀니 과거는 잊고 현재와 미래만을 보시라요. 어두운 과거를 버리고 그저 주님 주신 평안 속에 온전히 거하시길 기도하겠소."

준경에게 들려주는 목사의 말을 듣는 순간 심령에 콕 박히는 것이 주님 말씀임을 깨달았다. 그 말씀의 통로로 목회자를 쓴 것뿐이다.

준경은 이따금씩 올라오는 남편에 대한 서운함과 첩에 대한 극한 미움이 남아 있다. 예수님을 만나 미움이 많이 사라지긴 했지만 여전히 첩의 이름만은 온전히 씻을 수 없는 분노고 아픈 상처였다. 김응조 목사가 준경의 심리상태를 잘 파악한 것이다.

그 날 이후 자신의 상처를 치유해달라는 기도를 했다. 임자도에 드나들며 행복해하던 시어머니에 대한 서운함, 첩에 대한 미움, 남편에 대한 원망 등 그 모든 감정을 눈물을 쏟으며 주님께 고했다.

"주님, 지도 분하고 억울하고 화나는구먼요. 지도 맨날 좋은 건 아니구먼유. 지 마음을 어찌할까야? 주님이 고쳐 주시랑께요."

그렇게 매일 엎드려 울며 기도를 반복하던 어느 날, 강대상 위의 십자가가 눈에 들어왔다. 그 십자가를 지고 피를 흘리며 죽어갔을 예수님의 모습과 심정을 생각하니 마음이 아렸다.

'나를 위해 예수님은 십자가를 지셨지라. 예수님을 배반한 사람들을 모두 용서해주셨는디 지는 이래 속이 좁아서 어쩐다요. 지도 십자가의 사랑으로 용서할 수 있는 마음을 주시라요.'

'준경아, 너를 많이 사랑한단다. 아픈 과거는 다 잊고 모두 용서해라. 그 분노는 나의 십자가에 올리렴. 내 딸아, 내가 너의 마음을 잘 안단다. 사랑하는 내 딸아.'

마음에 하나님의 음성이 들리는 듯했다.

"하나님 아부지시라? 아부지시라?"

눈물이 쏟아지며 하나님을 불렀다. 신기하게도 그 날 이후 가슴의 돌덩이는 새털처럼 가벼워졌다. 이제는 미움과 상처는 끄집어내려 해도 조금도 남아있지 않다.

"할렐루야, 내는 이제 고침 받았스라."

준경을 목회자로 쓰기 위한 놀라운 치유와 회복의 손길이 임한 것이다. 목회자의 상처는 성도들을 찌르고 아프게 하기에 더 위험하다. 그러기에 주님은 친히 찾아오셔서 아픈 상처와 거절감정부터 치유해주셨다.

그리하여 제일 먼저 떠오른 사람이 친정 부모님이다. 이런 모습으로는 도저히 갈 수 없을 것 같은 친정집을 가기로 결단한다. 부끄러운 것도 거리낄 것도 없었다. 그저 자신이 경험한 주님의 음성과 복음만을 생각하며 밤을 보냈다. 사랑하는 부모님에게 복음을 전하고 싶은 마음만이 가득했다.
 날이 밝자 말씀에 순종하여 무조건 친정으로 향했다. 그동안 늘 피하고 숨죽여서 살았기에 이런 용기를 내는 것이 스스로도 대견했다.
 '이것이 다 주님이 주시는 용기인 것이여.'

"준경아, 내 딸 준경아."
"어무이, 그동안 안녕하셨지라?"
 친정 어머니는 준경을 보자마자 끌어안고 울었다.
"아가, 내 새끼, 우리 귀한 새끼가 으쯔다가 이레 됐다냐?"
 친정 부모님은 오라버니를 통하여 그간 사정을 다 알고 있었다. 나이가 들어도 부모의 눈에는 어린애로 보인다고 아가라고 불렀다. 시집가서 남편 사랑 한번 못 받고 혼자 외롭게 늙는 딸이 한스러워 어머니는 하염없이 울었다.
"어무이요. 지는 인자 하나도 안 힘들당께요."
 친정 어머니를 만나니 어린 시절로 돌아간 듯 감회가 새로웠다. 하지만 어머니도 세월의 흐름 속에 많이 늙은 모습을 보니 안타까움에 눈물이 주르륵 흘렀다. 한참 껴안고 울던 어머니는 준경을 안방에 데리고 들어갔다. 친정 아버지도 준경을 보는 마음이 너무 아팠다. 준경은 부모님께 정성스러운 절을 올렸다. 근심걱정 하나 없어 보이는 의연한 성령의 빛의 얼굴이지만 속으로는 계속 간절한 기도를 했다.

'주님, 부모님의 마음에 복음이 들어가게 해 주시소. 우리 부모님도 예수천당을 볼 수 있게 해주시랑께요.'

"어무이, 아부지, 그동안 찾아뵙지도 못하고 참말로 지송하지라. 이 못난 딸을 용서하시소."

아버지는 어두운 낯빛으로 말한다.

"지송은 무신? 니 생각하믄 맴이 편치가 않당께 그라도 산목숨은 으째거나 열심히 살아야제. 딴 맴 묵지 말고 열심히 살아라이."

혼자 사는 딸의 처지가 안쓰러워서 아버지는 준경의 눈을 제대로 쳐다볼 수가 없다.

"야, 아부지 어무이요, 지는 인자 하나도 힘들지 않아라. 지가 만난 예수님이 있은께요. 지는 예수님을 만났지라 지가 드릴것이 있으라. 성경책이어라."

고개를 숙이고 있던 아버지가 눈을 동그랗게 치켜뜨며 너무 놀라서 갑자기 말도 더듬는다.

"니, 니, 니가 지금 서양귀신을? 준깅아 참말이랑께? 니가 인자 돌아뿐짓냐?"

"아부지, 예수는 서양귀신이 아니라 우리를 구원한 하나님이지라. 예수님 믿고 아부지 어무이도 천당 가셔야지라."

또박또박 서슴없이 말하는 딸의 말에 아버지는 말문이 막히고 억장이 무너졌다. 딸이 시집을 가서 소박을 맞은 사실만으로도 기가 막힌데 이제는 서양귀신에 쓰였다고 생각하니 당연한 반응이다.

"시집가서 소박맞고 혼자 사는 것도 징한디 인자는 미쳐 뿌려서 친정을 찾아오다니, 아고 조상님들도 야속합니다요."

그렇게 보수적인 양반이 예수 이야기를 듣고 놀라지 않을 수가 없다. 흥분해서 말하다 말고 뒷목을 잡고 어지러운지 쓰러지려 한다.

"아고, 영감 누우시소. 준깅이는 지가 말해 볼랑께요."

"가뜩이나 왜놈들이 나라를 말아먹은 것도 분하고 원통한데 이젠 서양놈들까지 예순가 지랄인가를 가지고 조선 사람들을 농락하니 장차 나라꼴이 뭐시 될라고 이라는지. 아고 조상님들, 시방 우리 가문, 우리 나라 안 돌보고 뭣들 하고 계시오? 아고 조상님들 뭣들 하고 계시오?"

아버지는 흥분이 가라앉지 않았다. 하지만 준경은 한 치의 물러섬 없이 계속 말했다. 성령님이 주시는 힘이었다.

"아부지, 예수를 믿어야 천당 간당께요."

아버지는 이미 어떤 말로도 딸의 마음이 되돌아오지 않음을 알았다.

"내사 인자 딸 자슥 하나 없는 셈 치고 살낀게 싸게 나가라이. 인자부터 내 집에 발도 들이지 말그라."

준경은 어머니 손에 이끌려 안방에서 나와 사랑방으로 갔다.
"아가, 아고 내 새끼야. 준깅아 니가 참말로 미치뿐나?"
어머니 또한 놀랍고 당황하기는 마찬가지다. 얼굴이 파랗게 질려서 어찌할 바를 몰랐다. 하지만 어미는 아비와는 또 달랐다. 포기하지 못하고 어찌하든 설득하여 딸의 마음을 돌려보려 했다.
"예수 이야기는 인자 고마해라잉. 지난달에 장에 나갔다가 선교산지 뭔지 하는 코쟁이가 예수 믿으라고 했다가 아부지에게 혼줄 나서 갔당께. 두들겨 맞지 않은 것이 다행이구먼."
"어무이, 예수님은 이 세상을 창조한 하나님의 아들이지라. 그 선교사들은 미친 사람들이 아니라 우리나라 사람들을 살리려고 들어온 고마운 사람들이지라. 지발 지 말을 믿어 주시라요."
"그려, 아가. 어매는 딸은 믿구먼. 그라도 코쟁이는 안 믿을끼구먼. 지발 정신 차리랑께."
"어무이, 지금은 안 믿어도 지가 드린 성경책 한 번만이라도 읽는다고 약속해 주시소. 그라면 갈기구먼요. 지 마지막 소원은 서방이랑 사는 것도 아니고 어무이 아부지가 예수 믿고 천당 가는 거여라."
어머니는 당연히 예수는 믿기지 않았지만 딸에게는 무언지 모를 절실함과 확신이 느껴졌다. 부모를 위하는 그 진실의 마음, 사랑의 마음만은 전해졌다. 복음은 몰라도 진심 어린 사랑의 마음에 어머니의 마음도 조금은 흔들린 것이다.

어렸을 때부터 허튼소리 안 하고 똑똑하던 딸이 떠올랐다. 그러면서 한없이 딸의 인생이 안쓰러웠다. 가슴에서부터 올라오는 딸에 대한 애틋함이 어미를 아프게 했다. 반면에 딸의 무언지 모를 강인한 믿음의 모습에 안심이 되기도 했다.

"알았당께. 우리 불쌍한 딸의 소원이래니께 내도 읽어 볼뗀께 니도 그 대신 혼자서 꿋꿋하게 잘 살아야 된데이. 그거이 에미의 소원이랑께."

어머니와 딸은 그런 약속을 하고 헤어졌다. 친정에 가서 따뜻한 밥 한 끼도 못 먹고 나왔지만 준경은 후회도 없었다.

'인자 내 할 일은 한 것이여. 나머지는 주님이 해주시소.'

그 후론 어머니가 성경을 읽었는지 알 수 없지만 전도 후의 일은 주님께 맡겼다. 듣고 행동하지 않는 말로만 신앙은 필요 없듯이 이렇게 말씀을 듣고 실천에 바로 옮겼다. 몇십 년을 예수를 알고 살아도 복음 전할 마음이 없다면 그것은 진정한 예수의 사람이 아니다. 준경은 땅 끝까지 가서 복음을 전하라는 사도행전의 말씀을 붙들고 그렇게 한 걸음 한 걸음 주님의 길을 걸었다.

예수님과의 만남이 최고의 축복이듯이 이렇게 훌륭한 동역자와 스승과의 만남은 이성봉[1900-1965] 목사를 만나 확고한 믿음을 더하여 성서학원까지 진학하며 절정의 꽃을 피운다.

　북교동 교회의 세 번째 교역자로 부임한 이성봉은 귀밑수염과 콧수염이 있고 턱 밑에도 긴 수염을 길렀다. 나라와 민족이 수난을 당하는 어려운 시기에 목사가 양복을 입을 필요가 없다며 보통 사람들과 같은 옷을 입었다. 도톰한 턱은 인자해 보이고 반듯한 이마가 손에 잡힐 듯 단단하다. 눈웃음 뒤의 눈빛은 강함 속에 부드러움이 스며있다. 미국까지 가서 부흥사역을 하는 목사답게 설교시간마다 성도들을 휘어잡고 기름부음과 은혜가 흘러넘쳤다. 미국인들은 이성봉 목사를 제2의 무디라고 부를 정도였다. 골수암에도 치유 받고 맹장염이 걸려도 부흥회를 인도하는 열정의 목회자다. 평양출신이라 이북말씨를 쓰고 호탕한 웃음과 목소리도 힘이 넘쳤으며 역동적인 그의 생김새대로 '말로 못하면 죽음으로'라는 심정으로 목회를 했다.

　"있는 것 같아도 없는 것은 사람이요. 없는 것 같아도 실재자는 하나님이시디요. 있는 것 같아도 없는 인간의 헛 총소리에 속아서 없는 것 같아도 실재자이신 하나님의 실탄이 날아오는 것을 보지 못하여 실패하는 자가 부지기수이디요."

　이성봉 목사는 삶과 죽음을 전적으로 하나님께 맡기고 전국을 다니며 부흥사역을 한다. 그 또한 찢어지는 가난과 골수암까지 걸리는 고난 속에서 성장한 사람이다. 가난과 질병의 고통을 누구보다 잘 알기에 성도들 고통에 공감하고 진심 어린 위로를 해줄 수 있다. 주님의 은혜로 병도 극복했기에 그러한 간증을 듣고 성도들 또한 힘을 얻었다. 그는 문학적 소양과 음악적 재능을 겸비하여 시도 즐겨 쓰고 찬송도 만들어 불렀으며 전천후 예술가 목사로서 주어진 은사를 모두 복음증거에 귀하게 썼다.

준경은 이성봉 목사와 가정 심방에 같이 따라다니며 그 가운데서 이루어지는 은혜를 많이 체험했다.

"문 집사님은 신학 공부를 해 보는 것도 좋을 것 같습네다. 전도도 잘하고 영적 체험도 있고 목회의 길을 걸으면 주님이 크게 쓰실 거야요."

"목사님, 지도 좀 더 깊게 공부하고 체험해보고 싶은 욕심이 있지라. 특히 신유의 체험을 목사님도 하셨지라. 지는 그거이 참말로 신기하당께요."

"예수님은 못하는 것이 없디요. 예수를 구주로 믿고 고백한 우리는 이미 중생을 경험했고 성령으로 거듭나서 구별된 삶을 살려고 노력하니 성결의 삶도 바라보고 있디요. 당연히 신유의 능력도 경험될 것이야요. 가장 중요한 것은 예수 그리스도가 이 땅에 다시 온다는 재림이디요."

"야, 지는 예수님이 싸게 왔으민 좋겠스라."

"집사님이 성서학원에 들어가서 사역자가 되었으면 하는 제

마음의 울림이 있습네다."

"목사님의 부흥회 인도를 보면 지 심장도 끓어 올라라. 옆에서 보고 돕는 것으로도 지는 만족하지라."

"주님께 묻는 기도를 일단 해보시라요. 집사님."

"야, 기도는 해보겠스라."

"내 마음을 따르면 여러 갈래 길이 나와서 결정하기 어려븐 것이고 주님의 마음을 따르면 길은 딱 한 개가 나오디요. 그 한 가지 길이 주님의 길이디요."

이성봉 목사의 권면의 뜻도 알겠고 무엇인가 사명 앞에 선 것은 알겠는데 구체적인 기도응답이 무엇인지 잘 몰랐다. 또한 복음을 전하는 사역자가 되면 어떨까 하는 생각을 막연하게나마 했다. 묘하게도 속마음을 알듯이 이성봉 목사의 입에서 먼저 말이 나온 것이다.

이성봉은 준경의 영적 잠재력을 잘 끄집어낸 사람이다. 그 속에 차오른 주님에 대한 사랑과 열정, 그리고 아픔을 잘 알고 있다. 그 아픔들이 앞으로 사역하는데 많은 도움이 될 것도 짐작했다. 성도의 내면상태와 영적 수준을 잘 파악한다는 것은 영적 지도자로서 큰 은사다.

준경은 이렇게 좋은 교역자들과의 만남의 축복 속에 신앙성숙을 알차게 이루어간다.

그러던 어느 날 새벽 기도 시간에 이사야 43장 1절 말씀이 떠올랐다. 성경말씀이 꿀송이처럼 달아서 성경책을 끼고 살았으니 주님이 떠오르게 하는 말씀구절을 바로 받을 수가 있었다.

야곱아 너를 창조하신 여호와께서 지금 말씀하시느니라
이스라엘아 너를 지으신 이가 말씀 하시느니라
너는 두려워하지 말라
내가 너를 구속하였고
내가 너를 지명하여 불렀나니
너는 내 것이라

말씀을 통해 확실한 답을 얻으니 망설이거나 주저할 것이 없었다. 주님은 이렇게 말씀 듣는 훈련을 통하여 준경의 귀한 사역을 미리 예비하셨다.

제2부

5. 가르치고 전파하라
6. 나는 빚진 자라, 너는 내 것이라
7. 등불을 준비한 예수님의 신부
8. 때가 이르면 반드시 거둔다

제5장

가르치고 전파하라

에스라가 여호와의 율법을 연구하여 준행하며
율례와 규례를 이스라엘에게 가르치기로 결심하였더라 에스라 7장 10절

이성봉 목사의 추천서로 경성성서학원[7] 입학의 기회를 만들었으니 학장이나 목사님에게 누를 끼치지 말자는 생각으로 열심히 학교생활을 했다. 입학 동기들은 나이가 한참 어린 동생들이 많았기에 더욱더 본이 되고 싶었다. 기숙사에 들어갈 수가 없어 생활비가 많이 들었기에 이런저런 일을 함께 하며 공부했다. 전국 각지에서 다양한 학생들이 모였지만, 복음의 소명감으로 끈끈한 유대감이 있었다.

"나가 니들보다 언니라도 허물 없이 잘 지내보더라고."

"그래요. 언니."

동기들에게도 준경은 나이대접을 받으려 하지 않고, 먼저 다가가서 인사하고, 공부도 열심히 하고 솔선수범 성실하니 정식 학생으로의 편입도 빨랐다.

---

7. **경성성서학원(현 서울신학대학교)** 1911년 3월 설립된 기독교 대한 성결교회 소속의 개신교 신학대학교로서 현재 경기도 부천의 서울신학대학의 전신이다.

성서학원은 원비생, 자비생, 청강생으로 구분하고 입학 후 2개월 동안은 자비 부담이다. 학생들이 소명감 없이 단지 직업으로만 생각하여 지원하는 경우를 방지하기 위해 만든 제도다. 이 기간을 성공적으로 끝난 다음에 정식 입학하면 학비는 동양선교회Oriental Missionary Society[8]가 지불했다. 그러기에 학교는 학생들 선별에서부터 매우 신중했다. 전도자는 단순한 직업이 아니라 진실되고 거룩한 사명감이 우선시되는 중요한 일이기 때문이다.

아침, 저녁으로 개인기도 시간에는 절대 빠지지 않았다. 기도를 쉬는 죄를 범하지 말라는 성경 말씀을 신실하게 지켰다. 정식 학생이 되어 기숙사 생활을 할 수 있는 자체가 즐겁고 감사했다. 몸도 피곤치 아니하고 독수리 날개치고 올라감 같이 새로운 생수의 힘이 솟았다.

'아따 거참 거시기하네! 예수님 야그만 들으면 힘이 팍팍 난단께. 주님의 일을 요로코롬 배울 수 있는 것이 참말로 좋당께.'

오전에는 강의를 듣고, 오후에는 실제 사역실습을 했다. 전도

---

8. **동양선교회** 미국 선교사 카우만에 의해 1901년 조직된 성결교회의 모체가 된 선교단체. 동양선교회의 한국 선교는 일본 도쿄에 있는 동양선교회 성서학원을 졸업한 유학생 김상준金相濬과 정빈鄭彬 두 사람에 의해 이루어졌다. 1911년 성서학원을 개설하였고, 1912년 졸업생을 배출했으며, 1914년에는 4인을 목사로 세웠디. 또 1920년에는 동양선교회를 서울, 대전, 경북, 경남의 4개 지방회(교구)로 구분하였고, 1921년 9월에 이름을 성결교회로 공식 호칭하게 되었다.

이론과 실습을 병행하여 심방, 농촌 사역, 노방 설교, 전도지 배포, 전도 집회 등에 참석했다. 이런 시간표는 실제적이고 삶의 현장에 잘 적응하는 능력 있는 사역자를 배출하기 위한 목적이다.

수백만의 한국인이 우리를 부르고 있습니다. 수백만의 한국인들이 구원과 위로를 받기를 갈망하고 있습니다.

준경은 학교 강당에 걸려있는 현수막을 보면 늘 가슴이 뜨거워진다. 그리고 우여곡절 끝에 어렵게 나이 마흔이 넘어서 학교 입학 허가를 받았던 시절이 떠올랐다.

"결혼한 부인은 우리 학교에 입학할 수 없습니다."
준경은 머리를 한 대 얻어맞은 듯 막막해지고 힘이 쭉 빠졌다.
"지는 결혼은 했지만 남편이랑 같이 살아본 적이 없으라……근디 시방 지가 말하는 것은……."
무어라 설명할지 더듬거렸다. 남편과의 삶을 자세히 이야기하려니 어디서부터 이야기 해야하나 당황되고 난감했다. 그렇다고 이대로 아무 대책 없이 입학을 포기할 수도 없었다.
학장은 서류철을 뒤지더니 입학조건의 서류 내용을 보여준다.

경성성서학원의 입학자격 조건은 25세 이상으로 30세 이하의 청년 남녀 중 보통 상식이 있고 믿음이 강건하여 확실히 거듭난 경험과 명백한 하나님의 사명이 있는 자에 한하니라.

청년 남녀라는 글자가 눈에 확 들어온다. 가슴은 서늘한데 손에는 땀이 나고 얼굴은 화끈거린다.
'내는 진짜 안되는갑다. 이 일을 으쨰쓸까야.'
준경은 붉은 벽돌로 된 5층 건물 성서학원을 들어갈 때 자주 와본 듯 끌리고 낯설지 않았다.
'이곳에 와서 과연 공부할 수 있을까나?'
하지만 과연은 역시가 됐다.
'나같은기 무슨 신학생이당가? 고마할랑께.'
머리는 이렇게 결정했지만 마음은 도저히 포기가 안 됐다.

학교를 터들터들 걸어 나와 어떻게 배를 탔는지 기억이 잘 안 난다. 목포로 돌아오는 배 안에서 하나님께 어린아이처럼 떼를 썼다.
'주님이 지를 쓴다 하시고 시방 이딴 일이 생기면 어쩐다요? 결혼을 물러달라 할 수도 없고 시아버지라도 살아계시면 어째 해보겠으라. 평생 남편에게 거절당했는디 또 어짜 이라요? 대답 좀 해 보랑께요. 하나님 아부지…….'
올라갈 때와는 사뭇 다른 낯빛으로 교회 문을 들어섰다. 교회 정원의 나무 이파리도 축 처져 있는 것처럼 보인다.

예배당을 들어서는데 이성봉 목사가 인자한 웃음을 보이며 반긴다.

"집사님, 먼 길 다녀오시느라 수고했수다. 원서는 잘 접수했습네까?"

긴장한 몸과 마음이 녹아내리며 다소 원망 섞인 말이 튀어나왔다.

"목사님, 지는 기혼자라 입학을 할 수가 없다는디요. 왜 지는 결혼을 했을까야?"

이성봉 목사에게는 속 깊은 하소연이 나왔다. 이성봉 목사는 감정 기복이 심한 성도들을 편견 없이 그대로 품어준다. 목사도 사람인지라 성도에게 율법의 잣대를 들이대며 편견을 가지는 경우도 있지만 성도의 좋은 모습이나 굽은 모습을 모두 이해하며 받아주었다.

"사람이니께 부족한 점도 많이 있는 것이디요. 성도님들, 지도 참 모자란 사람입네다. 우리 서로 손가락질하며 흉보지 말고 주님 나라 갈 때까지 그저 덮어주고 품어주며 친하게 지냅시다."

친하게 지내자는 속뜻은 그만큼 마음을 열자는 뜻이다. 성도들 각각에게 늘 관심을 표현하며 따뜻하게 대해 준다. 그러니 많은 성도의 편안하고 특별한 영적 아비로 자리 잡았다. 전국적으로 이름을 떨치고 교단에서도 알아주는 유명한 부흥강사지만 그는 늘 겸손했다.

"지가 잘하는 기 아이고 주님이 은사를 많이 주셨디요. 남들보다 많이 받아놓고 이 정도 하는기는 당연한 거디요."

목사가 제아무리 강단에서 설교를 잘해도 강단을 내려와서 삶에서 성도에게 사랑과 관심이 없다면 설교는 공허한 꽹과리 소리 일 뿐이다. 따뜻한 말 한마디 건네주고 웃어주고 손잡아주고 성도의 일상에 관심을 가져주는 것이 사랑임을 아는 목사다.

"집사님, 무엇인가 길이 있겠디요. 나가 추천서를 써서 학교로 가리다. 낙심하지 말고 한번 기다려 보시라요."

준경은 이 목사의 말도 귀에 들어오지 않고 막상 큰일에 부딪히니 믿음보다 의심이 먼저 들었다.

'주님의 음성을 잊은 것이 아닌데도 나가 이리 믿음이 약할 줄이야……. 아부지, 지 참말로 못났지라.'

사람은 나약한 존재기에 날마다 새로운 은혜를 구해야 한다. 지나간 은혜를 붙들고는 신앙의 중심을 잡고 살기 어려움을 실감했다.

그 다음 날 이 목사는 바로 경성성서학원으로 올라갔다.

"학장님, 문준경 자매는 결혼식만 올렸디 남편하고 하루도 같이 살아보지 못한 자매입네다. 주님의 일군이 되겠다고 하는 사람을 받아주시라요. 지같이 못난 사람도 학교를 댕겼고 이래 사역을 하는디 우리 문준경 자매는 지보다 몇십 배는 귀하게 쓰일 자매이디요."

"하지만 지금은 학생을 뽑을 계획이 없습니다."

"얼마나 열정적인지 이미 전도를 많이 하고 있습네다. 남편도 자식도 없는디 주님이 신부로 부르셨디요. 주님이 꼭 써야 하는 일꾼이디요."

"이 목사님의 추천이니 믿을 수 있긴 합니다만……. 제가 방법을 찾아보겠습니다."

이명직[1890-1973] 학장은 이성봉 목사의 명성을 익히 들어 알고 있다. 학교 관계자들도 이성봉 목사의 추천이라면 믿을만하다는 의견이었다. 최종 결정은 학장이 하는데 이 목사의 설명과 추천서를 보고 마침내 청강생으로 입학을 허락한다. 비록 정식 학생이 아닌 청강생이지만 결혼한 부인이 입학한 첫 번째 예외적인 사례였다. 이명직 목사의 뛰어난 영적 판단력이 준경이 사역자가 되는데 결정적인 계기가 된 것이다.

준경은 낙심하고 원망하던 예전 모습을 떠올리니 지금 신학교에 다니고 있는 은혜에 그저 감사했다.

"주님, 쪼깨난 일에도 낙심하고 불신하는 못난 지를 이토록 사랑하시니 감사하지라. 이 보잘것없는 지를 구원해주시고 공부할 수 있는 기회를 주신 은혜를 잊지 않겠스라."

학교 입학식 날 학장은 학생들에게 학교의 교육방침을 자세하게 설명했다.

"학생 여러분, 우리 학교의 수업 내용은 크게 두 가지입니다. 첫째는 성경말씀을 중심으로 가르치는 것, 둘째는 배운 바대로 실제적인 경험을 쌓게 하는 것이지요. 성경에 대한 이론적인 지식을 쌓는 것과 그것을 체험하고 전하는 것을 중시하지요. 그리하여 말씀에 깊이 빠져있는 진정한 복음전도자와 성령의 능력 가운데에서 복음을 외칠 수 있는 전도자를 배출하는 교육목표를 가지고 있습니다."

학교의 저녁집회는 월요일을 제외하고는 매일 열린다. 월요일에는 휴식하며 빨래나 청소를 하고 가족이나 친구의 방문도 허용된다. 일주일 간의 일정을 진행하기 위한 개인적인 쉼의 시간이다. 무엇보다 늘 빠지지 않는 시간은 6시 기상하여 7시 30분 아침 식사 전까지 개인 기도시간이다. 식사 후 8시 30분에 모든 학생이 모여 아침 기도회를 시작으로 성경 강의, 찬양 연습, 레크레이션 등의 일정을 소화한다. 오후에는 현장사역으로 둘씩 짝지어 모두 흩어진다. 저녁 식사 후에도 저녁집회 시작 전에 꼭 개인 기도시간이 주어진다.

아무리 많은 훈련을 받고 성경지식이 풍부해도 하나님과 교제하는 기도시간이 빠지면 헛된 과정임을 강조한다.

"준경 언니, 어제 숙제는 잘했어요?"
"내도 밤새워 읽고 외웠는디 잘 안되기라. 내는 인자 머리가 늙어서 그런 모양이여. 그라도 잘 될 걸로 믿쏩니더!"

그때 부흥사역마다 유행하던 "믿습니다!"를 강하게 외치며 동기들을 웃겨주었다.

"호호호 언니의 믿습니다는 힘이 넘치네."
"하나님, 믿습니다! 숙제도 무사히 잘 통과되기를 믿습니다. 언니가 한 번 외아 볼텐께 잘했나 봐 줄랑가?"

숙제로 내 준 것은 산상수훈의 말씀인 마태복음 5장의 암송이다.

예수께서 무리를 보시고 산에 올라가 앉으시니
제자들이 나아온 지라
입을 열어 가르쳐 이르시되
심령이 가난한 자는 복이 있나니 천국이 그들의 것이요
애통하는 자는 복이 있나니 그들이 위로를 받을 것이요
온유한 자는 복이 있나니 그들이 땅을 기업으로 받을 것임이요
의에 주리고 목마른 자는 복이 있나니 그들이 배부를 것이요
긍휼히 여기는 자는 복이 있나니 그들이 긍휼이 여김을 받을 것이요

줄줄줄 말씀구절을 외워나갔다.

"아멘, 준깅 언니는 통과다 통과."
"인자 영희 니 해봐라."
그때 기도회 시작을 알리는 종이 친다. 아침 먹고 난 후 방 청소를 하며 이런저런 이야기를 나누는 시간이 참 좋다. 과제도 점검하고 서로 격려하며 예수 제자들의 면모를 갖추어갔다.
"시방, 종이 치부렸쓰야. 점심 먹고 해야겄쓰라."

오후에는 모두 현장사역을 나갔다. 예수 믿고 천당 가자고 말하며 북 치고 장구 치고 하는 노상 전도가 너무 무모하다는 비판도 있지만 영혼 구원이라는 단 하나의 목표를 들고 가는 학생들은 열정이 넘쳤다. 무모한 도전이라 해도 단 한 사람이라도 영혼구원이 된다면 그것이 하나님이 기뻐할 일이라는 결단으로 나갔다.
"어떤 방법으로 전도해도 믿지 않는 사람들에게 욕은 먹는다. 욕먹는 것을 두려워하지 말고 사람의 시선을 의식하지 말고 오직 하나님을 생각하며 우리의 방법과 길은 오직 성령님께 맡기고 나갑시다."
"오늘도 주님과 더불어 승리합시다."
"오늘은 경찰서에 끌려가지 않기를 기도합니다."
"전도는 밥이다, 전두는 죽이다, 전도는 식은죽이다."
"식은죽 먹기란 말이제? 하하하."

자매들의 열정은 웃음 속에 메아리쳐 갔다.

노상전도를 하거나 집회를 할 때 총력을 다하다 보니 저녁집회 시간에 때로는 시끄럽다고 경찰서에서 나오기도 한다.

"지금 시끄럽게 뭣들하시나? 시끄럽다고 또 신고 들어왔으니 조용히들 하시지."

"예수님을 전하고 있습니다."

"그러니까 제발 조용히 전하라구. 신고가 들어와서 죽겠시우."

비록 우리가 사방으로 우겨쌈을 당하여도 싸이지 아니하며
답답한 일을 당하여도 낙심하지 아니하며 고린도후서 4장 8절

사도바울의 말처럼 복음을 위한 핍박이기에 사방으로 우겨쌈을 당해도 기죽지 않았다.

"우리는 사도바울의 여동생 사도방울이제. 쌍방울, 은방울, 금방울……."

"하하하, 사도방울 자매들이 참말로 좋구먼."

준경은 심각한 분위기를 동기들과 웃음으로 반전시켰다.

교수들 또한 학생들 가르치는 거에 그치지 않고 집회를 인도하러 여러 곳을 직접 다녔다. 탁상공론에 그쳤다면 학생들과 소통이 힘들었을 것이다. 교수들이 실제로 경험한 것에 비추어

강의하니 그 열정과 정성이 학생들에게 그대로 흘러갔다. 자녀는 부모를 닮고 제자는 스승을 닮는다.

　방학 때도 쉬지 않고 둘씩 짝지어 각 지역으로 전도사역은 계속됐다. 낮에는 미리 준비한 전도지와 광고지를 돌리고 저녁에는 광고한 장소에서 사람들을 모아 전도 집회를 열었다. 이렇게 알차게 공부하고 실습하는 훈련 속에 교육과정을 마치는 순으로 졸업을 한다. 졸업과 더불어 하나님의 강인한 군사가 되어 곳곳으로 흩어진다.

　사람을 사랑하지 않으면서 하는 사역은 그저 의무감 책임감 실현밖에는 안 된다. 목회자의 첫째 조건은 사람을 좋아해야 한다. 준경은 늘 사람이 가슴에 존재했고 사람이 좋았다. 그리고 가난한 자, 약한 자, 병든 자를 먼저 생각했다. 수첩에는 이때부터 사람 이름이 빼곡하게 적혀 있었다. 친정 부모님, 가족들, 시댁 식구들, 친척들 등등 전도대상자들의 이름을 부르며 기도했다.

　배우고 익히고 전도하며 새롭게 태어난 준경의 인생은 이제 문준경 전도사로 살아갈 채비를 차곡차곡 갖추었다.

제6장

나는 빚진 자라, 너는 내 것이라

헬라인이나 야만인이나 지혜 있는 자나 어리석은 자에게
다 내가 빚진 자라
그러므로 나는 할 수 있는 대로
로마에 있는 너희에게도 복음 전하기를 원하노라 로마서 1장 14-15절

성서학원은 학과공부와 현장실습이 병행된 학제였다. 이미 이론과 실습으로 무장되어 있으니 직접 현장으로 파견되어 실제적인 교회 개척 사역에 돌입한다.

그런데 처음 현장실습 사역지로 정해진 곳은 공교롭게도 임자도다. 임자도가 어떤 곳인가? 첩과 남편이 아이를 낳고 사는 곳이다. 웬만한 사람이면 그 동네는 쳐다보기도 싫다고 도망갈 것이다. 하지만 준경의 반응은 달랐다. 이성봉 목사는 사역이 방해될 것을 염려하여 다른 곳으로 다시 지원하라고 권면한다.

"임자도는 아무래도 불편할 거 같은디 다른 곳으로 가는 게 낫갔시오."

"주님이 정해준 사역지인디 지 맘대로 바꿀 수는 없지라. 지는 인자 정근택의 마누라도 아이고 정씨 집안 며느리도 아이고 그저 복음 전하는 사람이지라."

"다른 지역에서도 얼마든지 사역할 수 있습네다."

"주님이 가라고 하는디 뭐땀시 지가 망설인다요?"

"전도사님이 참말 괘안타면 뜻대로 해보시라요. 순종하는 모습을 우리 주님이 좋아하시겠구려."

"주님이 힘주시는 데 못할 게 뭐가 있겠스라. 목사님도 기도 많이 해주시라요."

예전의 준경이 아니라 전도사로 들어가는 것이다. 남편 때문에 가슴이 멍든 환자도 아니고 늘 사랑에 허기진 여인도 아니다. 지금은 그저 복음의 횃불을 들고 있는 당당한 하나님의 용사 문준경 전도사일 뿐이다.

드디어 첫 사역지 임자도에 들어가는 배를 타니 옛 생각이 떠올랐다. 이렇게 귀한 복음을 들고 임자도를 다시 찾게 될 줄은 상상도 못 했다.

'임자도에서 남편과 소실에게 멸시당하고 괴로버서 바다를 서성거리던 날이 생각나는구면. 그때 시방처럼 예수님을 알았으면 남편을 찾아가지도 않았을 것인디 말여.'

사람의 눈으로는 최악인 상황도 하나님 계획은 늘 최상이다. 지금 눈에 보이는 현실이 아무리 힘해 보여도 앞으로는 어떤 일이 펼쳐질지 아무도 모른다. 세상 사람들이 볼 때는 첩과 남편이 살고 있는 섬에 들어가는 여인이 불쌍하게 보이겠지민 문전도사는 성령 충만했고 이것이야말로 복음만이 가지는 능력이다.
입술에서는 계속 찬양이 흘러나왔다.

아골 골짝 어디라도 가야겠오
복음 들고 가는 이길 그 누구가 막으리오

죄악 벗은 우리 영혼은 기뻐 뛰며 주를 보겠네
하늘에 계신 주 예수를 영원히 섬기리

바다의 소금꽃이 햇빛에 반짝이며 하얀 인사를 건넨다. 마을 어귀를 돌 때마다 쭉쭉 뻗은 나무들이 친절하게 악수를 청한다. 노을빛을 받은 긴 구름 띠가 몰려 춤을 추니 어디선가 천사가 내려올 것 같은 풍경이다.
'하나님이 창조한 산과 바다, 자연이 참말로 아름답지라. 하나님, 지가 요로코롬 존데 복음 들고 들오라고 해서 참말로 고맙구만요.'
남편과 첩이 살고 있는 마을이라는 불편한 생각은 뒷전이고, 아름다운 자연에 감탄하고 복음을 어떻게 전할까 하는 생각만이 가득했다.

이성봉 목사와 북교동교회 성도를 통해 작지만 마당이 있는 예배드릴 처소를 구해 놓았고 짐을 풀었다. 마을 어귀에 자리하고 있고 예배드리기 딱 좋은 크기라 마음에 쏙 들었다.

 짐이라고 해봐야 옷 몇 가지 정도고 가장 소중한 물건은 예배당 종과 십자가다. 우선 십자가를 마루에 걸고 지붕 처마 밑으로 종을 매달았다. 종을 한 번 쳐보니 종소리가 가슴을 뚫고 들어와 온몸과 마음에 전율이 흐른다. 처음으로 울려 보는 복음의 종소리를 들으며 기쁨으로 벅차오른다.

 "예수님, 참말로 감사하요. 지같이 부족한 여종을 써주시어 이리 왔스라. 인자 지는 섬마을의 종지기가 되겠스라."

 무릎을 꿇고 두 손 모아 감사기도를 했다. 주님 말씀에만 순종하여 무작정 들어왔기에 전혀 두렵지 않았다.

 마을 사람들이 종소리를 듣고 문 앞으로 삼삼오오 모여들며 수군거린다. 그 소리가 문전도사의 귀에까지 다 들린다.

 "아따, 문심이 아부지 조강지처라 카는데 이 섬엔 뭐땀시 왔는가? 조강지처 행세할라꼬 왔구먼."

 "나빠닥은 반반한데 와 소박을 맞았을까나?"

 "아를 못 낳으니 소박을 맞제."

 "근디 저 종은 뭐할라꼬 친당께?"

 "종소리를 내면 서방이 돌아온다고 서양귀신이 그랬나 보네잉. <u>호호호</u>."

 "아무리 그라도 하늘을 봐야 별을 따지라이. 우덜은 오늘 밤에 또 별을 따 볼랑까? 킬킬킬."

"아따 이 여편네가 허벌나게 밝히기는."

"와 조신한 척 빼고 지랄이여 지랄이."

아낙네들의 대화를 듣자하니 얼굴이 후끈거린다. 예전 같으면 당황하고 어색해서 고개도 못 들었을 거다.

'참말로 거시기한 소리덜을 해쌌는구먼.'

등 뒤에서 응원하는 주님을 생각하니 견딜만했다. 모욕으로 생각하지 않고 복음을 전달하기 위한 인내의 과정으로 생각했다.

'주님, 시방 지 뒤에 계시지라? 저 사람들도 주님이 다 사랑하는 사람들이니께 참아야지라?'

주님이 힘내라고 말하며 등을 토닥토닥하는 것을 느꼈다. 이렇게 주님의 임재 속에 음성을 듣는 것은 무어라 표현할 수 없는 기쁨이다. 이렇게 주님과 교제하는 시간 속에서 사람들을 대하는 지혜가 점점 생겼다. 그러기에 어떤 상황과 환경도 문전도사를 낙심시킬 수는 없었고, 사람의 어떤 험한 소리도 흘려보내고, 주님의 음성에만 귀 기울였다. 주님의 음성이면 됐다. 그 음성이 치유의 메시지고 살아가게 하는 힘이다.

"아따, 들어들 오시소. 오늘 이사왔은께 떡이라도 해먹자고라."

환하게 웃으며 말을 하는데도 주민들은 입을 삐쭉거리며 슬금슬금 흩어진다.

"집에 가봐야 해서리……."

이제 시작이다. 저기 저 사람들을 식구처럼 생각해야 한다. 문전도사의 마음에 걱정도 스쳤지만 바로 기도했다.

'주님, 지가 마을 사람들을 참말로 이해하고 사랑할 수 있는 마음을 주시라요.'

임자도의 첫날은 그렇게 시작되었고 다들 준경이 남편의 행복한 가정을 방해하러 온 줄 알았다. 조강지처로서의 권리 한 번 누려보지 못했는데 이제는 아이를 낳고 사는 첩이 오히려 본처마냥 인식된 슬픈 현실이었다.

남편 정근택은 임자도에 뿌리내린 자신의 터전이 혹시 방해받을까봐 전전긍긍하며 동냥은 안 주고 쪽박만 깬다.[9] 미안해하거나 무엇을 돕기는커녕 마을에서 나가기만을 바라는 이기적인 사람이다. 하지만 남편의 도움을 바라고 온 것이 아니기에 아무래도 괜찮았다.

임자도에 정착을 한 다음 날부터 눈 뜨고 새벽기도부터 하는 습관은 여전히 계속됐다. 기도를 올리고 나서 처음 며칠간은 동네를 한 바퀴 돌면서 무작정 동네 사람들에게 아침 인사를 했다.

"안녕들 하시오. 지를 아는 사람도 있고 모르는 사람도 있을

---

9. **동냥은 안 주고 쪽박만 깬다** 요구하는 것은 안 주고 도리어 방해만 한다는 말이다.

진디 다들 반갑당께요. 지는 예수를 전하러 온 문준경이어라."

밝고 당당한 얼굴로 큰 소리로 인사를 하니 사람들이 의아해한다. 더군다나 정근택 이름은 꺼내지도 않고 자신의 이름을 말하니 제정신이 아닌 것처럼 본다. 며칠을 그러고 다니니 모여 있던 동네 아낙네 중 한 명이 비꼬듯이 묻는다.

"워매, 이 동네는 뭐땀시 왔당께? 문심이네 잘 살고 있는 거슬 구깅하러 왔는가?"

무관심보다 이렇게 비꼬는 말이라도 관심을 가지고 묻는게 낫다.

"문심이는 내한테도 여식이니 잘 사는기 좋지라."

주민들은 준경을 한심하게 생각하며 쑥덕거렸다.

"첩의 아를 보고 지 여식이라고 하니 참말로 거시기한 여편네네 그려."

"이 마을에 와서 혼자 저러고 사는 것이 참말 암만봐도 정상은 아니랑께."

그렇게 조롱하고 수군거려도 문전도사의 얼굴은 뽀시시 성령의 빛이 가득했다.

문전도사는 동네를 다니다가 어른들이 일하러 나간 집의 아이들에게 성경이야기를 들려주며 친해지기 시작했다. 아이들은 영이 맑아서 성경이야기에 쑥쑥 빠져들었고 그것이 전도의 시작이었다. 예배당에도 제일 먼저 어린아이들이 성경이야기를 들으러 모였다. 그러다가 아이를 찾으러 온 아낙네들이 같이 성경이야기를 듣다가 마음을 열었다. 예배당 마당에 사람들 발자국이 찍힐 때마다 감격의 눈물이 났다. 계속 똑같이 섬김과 낮은 자세로 다가가니 사람의 진심은 통한다고 주민들도 서서히 마음 빗장을 풀기 시작했다.

마을 주민 중에 문전도사와 이야기를 나누고 싶어도 마을 유지인 정근택과 첩의 눈치를 보느라 못 오는 사람들도 있었다. 마을에 들어온 것 자체를 싫어하는 첩은 왜 하필 이 동네냐고 남편에게 투덜거렸다.

"문심 아부지, 지는 성님을 자꾸 부딪치는 거 거시기하구먼유."
"나가 시방 이것을 작살을 내버린당께."

근택은 문전도사를 찾아와 큰소리를 치며 역정을 낸다.

"이 마을에 뭐 땀시 들어왔다냐? 아직도 내한테 미련이 남았다냐?"
"문심이 아부지요. 인자 지는 당신의 사람이 아니지라. 지는 인자 예수를 전하는 사람이 됐은께요."
"뭐, 뭐시라꼬? 귀신 씨나락 까먹는 소리하고 있네 그려. 아고 징한 것이 시방 여그까지 와서 우덜을 괴롭히대니 환장하겠구먼."
"당신이랑 문심이 어매는 내 하는 일은 상관 말고 시방처럼 행복하게 잘 살민 되는기요. 뭐시 문제라요?"

아무리 너그러운 문전도사도 육신의 남편이라고 이름 붙은 사람에게 심한 독설을 듣자니 가슴이 따끔따끔했다.
'적반하장이 따로 없지라. 아고 주님, 그라도 지가 참아야지라? 그라요. 복음을 모르는 불쌍한 양반을 나가 대적해서 무엇하겠쏘.'
마음으로만 주님께 고하고 남편을 대적하지 않았다.
문전도사를 멸시하는 데서 그치지 않고 마을 유지인 근택의 방해는 복음 전도를 아주 어렵게 만들었다. 동네방네 문전도사를 미쳤다고 소문을 내니 당연히 동네 주민 중에는 그 말을 믿고 같이 무시하고 피하는 사람들이 있었다.
'주님, 문심아베를 어쩔까야? 저래 무대뽀로 나오는 양반을 어짤까야?'
남편과 첩이 인생의 걸림돌이 된 것도 모자라서 사역의 방해꾼이 되어 날뛰니 기가 막힌 악연이라는 생각만 들었다. 왜 하필 임자도로 왔을까 하는 후회가 불쑥 들기도 했다. 이성봉 목사가 임자도 사역을 말리던 일도 생각이 났다.
'이런 후회나 원망 불평의 마음을 우짤까나. 마음을 어지럽히지 말아야겠구먼.'
마음의 섭섭함과 의심이 올라올 때마다 주님께 무릎을 꿇었다. 기도와 순종만이 문전도사가 살 길이었다. 그렇게 마음을 단련하고 인내하는 시간들이 흘러가고 있었다.

주님의 방법은 참으로 신묘막측하다. 모든 상황을 위로하기에 충분한 일이 일어났다. 남편의 여식 문심이가 예배당에 발을 디딘 것이다. 복잡한 마음과 걱정의 실타래를 하나님이 풀기 시작했다.

문심이는 문전도사에게도 자식처럼 깊은 정이 든 아이 아닌가? 문심이를 보고 있으면 첩의 인생도 같은 여자로서 이해가 되고 안타까움이 올라왔다. 어찌 보면 첩이 원수인데도 그 원망과 미움을 문심이를 통하여 하나님이 거두어 가고 있었다. 이것이 바로 복음의 능력인 용서의 마음이다. 성경 말씀은 하나도 틀린 것이 없는 진리의 말씀이다. 원수를 사랑하라는 말씀은 사람의 머리, 생각으로는 도저히 이해 안 되지만 분명 이루어질 수 있다. 사람이 이루는 것이 아니라 하나님이 친히 이루어 가신다.

'원수를 사랑하라니?'

물론 문전도사 또한 이해가 안 되지만 그럼에도 불구하고 말씀에 순종했다. 문전도사가 남편과 첩을 긍휼과 사랑으로 품고 기도하는 힘은 바로 하나님 말씀에서 나오는 성령의 힘이다.

문심이가 예수님을 어찌나 좋아하고 믿음이 순수한지 볼수록 기특했다. 성품도 어찌나 곱고 바른지 시아버지의 자손임이 여실히 느껴졌다.

"성상님. 문심이 왔시라."

"우리 아가 문심이 왔구먼. 오늘은 으째 더 이쁘다냐?"

성경이야기를 듣는 것을 좋아하고 또 다른 아이들에게 들려주기를 좋아하며 믿음으로 성장했다. 준경의 마음이라는 이름처럼 둘은 신기하게도 잘 통하고 마음이 척척 잘 맞았다. 예수를 만난 후 마음에 품고 전도하려 기도하던 이름에 문심이가 당연히 있었다. 영적 민감함으로 둘은 소통하고, 기도의 열매가 맺히는지 문심이는 누구보다도 예수를 순수하게 믿고 받아들였다.

"성상님, 요셉이 구덩이에 갇힌 이야기 하다가 말았스라. 요셉은 구덩이에서 못 나오고 죽었스라? 형제가 되가꼬 으째 그리 나쁘다요? 그란디 지 생각에는 하나님이 구해줬을꺼 같지라."

성경 이야기에 푹 빠져서 눈동자가 빛나는 문심이가 사랑스러워서 흐뭇한 미소가 절로 나왔다.

"아고, 성상님도 궁금하네. 야그가 으찌 됐을까나……."

이야기를 재미있게 마칠 때쯤 아이들 몇 명이 들어온다.

"성상님, 안녕하시라. 성경 야그 듣고 싶어라."

"야그가 시방 끝나뿐짔는디? 어쩐다냐? 아, 그라믄 문심이에게 듣거라이. 인자부턴 문심이가 성상님이구먼."

"문심이 언냐, 아니 문심 성상님. 흐흐흐 성경 이야기 해주시소."

"나가 시방부터 성상님인께 문심이 성상님의 말을 잘 듣거

라. 아그들아. 흐흐흐."

꺄르르 아이들의 웃음은 동네를 퍼져 나갔고 주님은 그렇게 사랑을 부어주었다. 문심이는 그렇게 주일 학교에서 선생님 역할도 했다. 하지만 문심이와 예수님과의 만남을 그대로 둘 남편이 아니었다. 다시 한 번 들이닥쳐서 막말을 퍼부었다.

"인자는 문심이를 꼬셔서 예수 나부랭이를 믿게 만들 생각이라고야? 니가 참말로 임자도에서 쫓겨 나가고 싶냐?"

"예수 나부랭이가 뭔말이다요? 당신이 내 욕을 하는 건 참아도 예수님을 욕보는 건 안 된다요."

"단단히 미쳤뿐졌네. 우리 문심이는 미치게 냅둘 수 없은께 앞으로 한 번만 더 문심이를 만나면 그땐 이 마을에서 쫓겨 날 줄 알으랑께. 뻣대지 말고 좋은 말로 할 때 말귀 알아묵으라잉."

"문심이는 내게도 여식이오. 만나러 오는 여식을 어찌 내친다요? 우리는 예수님을 빼고서라도 어미와 자식 아이요?"

"문심이 어미는 따로 있은께 그만 오살할 소리 하덜 말아라이. 나가 문심이 이것도 시방 가만히 안둘기랑께."

"으째 아비 입에서 그래 심한 말이 나오요?"

욕을 먹는 것이 억울했지만 어쩔 수가 없다. 그렇게 심하게 근택이 역정을 내는데 문심이 걱정만 됐다.

'아고, 문심이 맴이 많이 다치면 안 되는디 우쩔까나……'

정씨 가문 더럽힌다고 정식으로 이혼도 않고 평생을 마누라

대접 한 번 안 하면서 틈만 나면 나타나서 힘을 빼 대니 어이가 없는 노릇이다.

'문심이와 정들게 한기 누군디? 그라놓고 인자는 보지도 말란다. 아고 주님이시여. 지 말 좀 들어보랑께요.'

예전 같으면 원망으로 심장이 오그라들었을 텐데 주님께 고하고 나니 그리 오래가지 않아 평안을 찾았다. 어떤 상황에서도 마음의 분노가 오래가지 않았다.

희망이 있는 기다림이란 무작정 기다림과 다르다. 기다림은 문전도사의 삶을 설명하는 말이다. 사람들에게 전해줄 복음이라는 선물이 있기에 기다림도 은혜였다.

'주님이 미천한 나에게 먼자 주셨는디 나 혼자만 알고 갈 수는 없는 것이여. 복음을 한 사람이라도 더 많이 들어야되제.'

먼저 알게 된 복음이 넘치도록 감사해서 누군가를 오래 원망할 겨를이 없었다.

'나는 빚진 자라. 이미 받은 주님의 복음으로 인해 나는 빚진 자라.'

새벽마다 종을 치고 혼자 무릎을 꿇고 찬송가로 하루를 시작했다.

예수 사랑하심은 거룩하단 말일세
우리들은 약하나 예수공로 많다네
날 사랑하심 날 사랑하심
날 사랑하심 성경에 써있네

새벽이고 주일이고 어린아이들과 아낙네들과 마당에 거적가마니를 깔고 예배를 올려드렸다. 혼자 드리건 같이 드리건 주님은 예배를 기쁘게 받았다. 찬양하고 봉독하고 기도하며 예배는 계속되었고 교회는 그렇게 점점 부흥했다. 점점 성도들이 늘어나니 마당은 점점 좁게 느껴졌다. 아이들이 친구를 하나 둘씩 전도하며, 점점 숫자가 늘어나서 아이들을 위한 주일학교 시간을 따로 만들었다. 그 옛날 순희에게 하듯이 이야기를 해주며 아이들의 마음을 사로잡았다. 그때와 달라진 것이 있다면 그땐 설화나 옛이야기를 했다면 지금은 성경이야기를 한다. 예배 후에는 주일학교뿐 아니라 어른 성도들에게도 성경을 가르쳤다.

"사람의 마음은 세 가지로 나눌 수 있으니, 곧 지^{知}와 정^{情}과 의^{意}라. 지는 예수와 하나님의 진리요, 정은 예수의 사랑이요, 의는 하나님이 주시는 능력이지라. 예수 안에 참사람의 요소인 진리와 사랑과 권능이 무한하시니 다 예수를 배워서 완전한 사람, 참사람이 되야겠스라."

술꾼, 노름꾼들은 술과 노름을 끊고 무지한 아낙네들이 성경 말씀을 통해 지혜롭고 자존감이 높은 여성으로 다시 태어났다. 이런 모습을 볼 때마다 새로운 힘이 솟아났다. 아이들과 아낙네들이 글을 모르니 찬송가와 성경을 외우게 했다. 쉬운 가사의 찬송가와 성경말씀을 따라 읽다 보니 글자 공부도 됐고 말씀이 살아 숨쉬기 시작했다. 늘 아파서 빌빌거리던 숙자 엄마는 어느 날부터 얼굴에 생기가 돌고 찬송가를 흥얼거렸다. 노름을 하루 걸러 하던 철수 아버지는 노름을 딱 끊는 등의 성령의 역사가 곳곳에서 일어났다.

하루도 쉬지 않고 전도에 열중하며 전도할 사람들에게 나누어줄 음식을 들고 다녔다. 감자, 고구마, 약과, 유과, 사탕 등이었고 덕분에 가방이 늘 불룩했다.
"어르신 허리가 아프시다요?"
"아까 일하다가 허리가 삐긋했구먼."
마을 쉼터 평상에 누워있는 노인의 허리를 주무르며 기도했다.
"어르신, 지가 기도하겠스라."
기도를 받을까 말까 망설이고 있는 노인에게 옆의 다른 노인이 부추기며 말한다.
"안 나아도 본전인께 기도 받아보더라고."
모든 사람들은 일단 몸이 아프면 마음이 약해져서 예수를 몰라도 치유기도는 받고 싶어 한다. 그때 전도의 기회가 생기는 것이고 절대 그런 기회만은 놓치지 않았다.

'사랑의 주님, 지는 지 할 일만 하지라. 귀한 영혼 주님께 돌아올 절호의 기회지라. 주님이 지발 고치주소서. 안 고치지민 예수님 망신이랑께요.'

마음으로 먼저 기도한 후 허리에 손을 대고 안수기도를 시작했다.

"사랑이 많으신 하나님 아버지, 우리 사랑하는 주님의 자녀가 될 분이 허리가 삐끗하여서 힘이 들어라. 치유하시고 만져 주시고 긍휼을 베풀어 주시소. 주님은 눈먼 자도 깨우고 죽은 자도 살리시는 전지전능한 분이심을 알지라. 아버지의 능력을 이들에게도 보여주고 고쳐주시소. 주님의 능력으로 허리에 안수하여 주시고 고쳐 주실 것을 믿고 예수님의 이름으로 기도합니다. 아멘."

기도를 하면 그 어떤 강박한 사람이라도 고마워한다. 믿음이 없으면서 받는 기도도 괜찮다. 그런 과정까지도 살피시는 주님께 맡기면 된다. 문전도사 손은 진짜 약손이어서 아픈 사람들이 잘 나았고, 주님의 권능이 그대로 나타났다. 기도해준 후에 경과가 어떤지도 꼬박꼬박 챙기며 기도의 끈을 놓치지 않았다.

문전도사는 혼자 살며 외롭고 힘든 노인과 과부들에게는 음식도 해다주며 보살피고 아플 때는 간호도 해주었다.

가을에는 부지깽이도 덤빈다[10]고 추수기간에는 아침부터 밤까지 무조건 동네의 바쁜 일손을 몸을 아끼지 않고 도왔다. 그것이 예수님을 믿으라는 말보다 더 효과적인 삶의 전도다. 논에서 같이 수확하며 한철을 농부로 살며 자연스럽게 예수의 사랑을 흘려보냈다.

가난도 비단 가난[11]이라고 마음까진 가난하지 않고 체통 있고 비굴하지 않았다. 모자라면 모자란 대로 나눠 먹고 부족하면 부족한 대로 아껴 먹었다. 그런 선량한 사람들에게 예수까지 전하면 지상낙원이다. 배고프고 가난한 사람에게 자꾸 찾아가니 천사가 따로 없다. 입으로만 사랑한다고 하는 게 아니니 사람들도 마음의 문을 열기 시작했다.

"아따 성상님 참말로 고맙소잉 으째 다 보답을 하겠소?"

"보답은 무신? 어려블 때 돕는기 당연한 것이제. 그저 예수님 믿는 것이 지 소망이요. 이번 주일에 예배당 한번 나와보시소."

마을 사람들도 고마운 선생님이 믿는 예수를 믿고 싶은 마음이 들었다. 그렇게 한 사람씩 한 사람씩 마음을 나누며 가까워졌다.

---

10. **가을에는 부지깽이도 덤빈다** 추수하는 가을이 되면 농촌에는 일하는 사람이 없을 정도로 매우 바쁘다는 뜻의 속담이다.
11. **가난도 비단 가난** 아무리 가난하여도 몸을 함부로 가지지 않고 본래의 지체와 체통을 더럽히지 않는다는 뜻의 속담이다.

"지도 사는기 을매나 고달프고 힘이 든지 죽어뿐지려고도 했지라. 근디 천당복음을 알고 나니 시로운 시상을 얻었지라. 아프고 병들고 가난해도 슬퍼할 것이 없시야. 하늘나라에는 아픈 사람도 없고, 먹을 것 입을 것 걱정 안 하고 죽지도 않고 영원히 사는 근심 없는 나라지라. 우덜의 살 처소가 대궐보다 좋당께요."

"아고 성상님, 지도 싸게 천당 가고 싶어라. 서방 없이 사는 인생이 힘이 든당께요."

"지가 그 맴을 잘 알지라. 그라도 정태 어매는 신혼에 알콩달콩 재미진 기억도 있고 정태도 있잖여. 지는 첫날밤도 없이 살았지라. 근디 지나고 보니 이것이 다 예수신부 맹글어줄려는 우리 하나님 아부지 선물이지라. 지가 정태어매 심정은 잘 안께 힘든 일 있으민 은제든지 말하시소 힘닿는 데 까지 도울거구먼유."

"성상님, 근디 천당은 누가 간다요? 우리 같은 사람도 간다요?"

"긍께 기냥 예수님을 믿기만 하믄 되는 것이지라. 아무리 부자라도 양반이라도 예수를 안 믿으면 천당에는 못 가는 것이 복음이지라."

"야, 성상님 그라요? 뭐 그리 좋은 데가 다 있소? 긍께 지같이 가난한 과부도 믿기만 하믄 된단 말이지라?"

"참말이제. 정태 어매를 예수님이 사랑하시제. 이 세상은 나그네길이지라. 모든 설움과 아픔도 지나가는 바람이지라, 그랑께 우리 천당갈때까정 기쁜 맴으로 살민 되는 것이지라."

"맞지라 성상님, 지나가는 바람이지라. 세월이 으찌나 빠른지 모르겄스라. 지는 인자부터 예수님을 믿을거여라."

문전도사는 주민들에게 조금의 위로라도 되는 것이 기뻤고 예수님을 알리는 것이 참 소망이고 보람이었다.

그렇게 낮에 전도하고 집에 와서 또 무릎 꿇고 기도하며 영혼들을 주님께 맡긴다. 그러니 한 시도 쉴 틈이 없고 자신의 몸을 돌볼 겨를이 없었다. 아무리 힘들어도 새벽이면 어김없이 일어나 기도하고 예배를 인도했다. 아침이면 주님이 새로운 생수를 콸콸 부어주시니 그 또한 놀라운 은혜다. 늘 바쁘게 움직이다 보니 물에 말아서 밥 한 공기 먹는 것으로 끼니를 해결할 때가 허다했다. 하지만 성도가 점점 늘어나고, 교회가 부흥하니 배고픈 줄도 힘든 줄도 모르고 하루하루를 은혜 가운데 살았다.

실습기간에는 이렇게 사역 현장에 있으니 괜찮은데 학기 중에는 부득이하게 교회를 비울 수밖에 없다. 그러니 학교에서 공부할 때도 교회로 온통 마음이 가 있다.

'그 성도는 무릎이 다 나았나? 그 성도는 밥을 굶고 있지는 않은가? 그 집 남편이 또 노름을 하러 가진 않았나? 예배드리는

성도가 많이 늘었나? 허리 아프던 노인은 다 나았는지…….'

교회 개척을 했으니 그 양떼들을 보살필 목자가 있어야 하는데 양떼들을 두고 공부하는 목자 마음은 한시도 편할 날이 없었다. 실제로도 개강하여 문전도사가 교회를 비우는 동안에는 성도들의 주일성수도 눈에 띄게 줄었다. 성도들의 잘못이 아니라 아직 믿음의 바탕이 완성되지 않은 사람들이 많으니 당연하다. 아직은 하나님과의 관계가 정립되지 않았고 복음의 깊이를 경험하지 못한 사람들이기에 끌어주고 격려해주고 목자가 함께해야 하는 시기다. 문전도사는 성도들을 자신의 잣대로 판단, 비판, 정죄하지 않고 있는 그대로의 모습을 이해하며 믿음이 깊어갈 수 있게 도와주고 기다렸다. 이 또한 자신이 만났던 믿음의 선배들과 사역자들에게 배운 좋은 점이다.

'당연한 것이제. 내도 처음 교회 갔을 때 을매나 많은 보살핌을 받았는가, 우리 성도들을 생각하민 내 몸이 두 개면 좋겠구먼.'

교회를 걱정해서 공부를 소홀히 할 수도 없으니 무엇인가 해결방안이 필요했다. 고민한다고 될 일은 없고 해결의 열쇠는 늘 주님께 있음을 알기에 열심히 기도했다.

"주님, 교회를 든든하게 지킬 수 있고 성도들의 어미 아비 노릇을 할 수 있는 동역자를 보내주서라."

좋은 만남의 축복은 이성봉 목시기 끝이 아니있다. 본격적인 사역을 시작하며 이판일 장로[1897-1950]와의 놀라운 만남으로 이

어졌다. 이 땅의 삶에서 만남의 축복이야말로 가장 큰 은혜다.

집집마다 방문 전도를 할 때 눈여겨본 가정을 기도하며 떠올렸다. 이상하게 그 가정 앞에 섰을 때 영적으로 뜨거운 끌림이 있었는데 그 날은 다른 심방이 있어서 미처 전도하지 못한 기억이 났다.

'그 가정을 떠올려 주신 것은 분맹히 이유가 있는 것이여.'

싱그러운 풀냄새와 달콤한 꽃냄새가 가득 퍼지는 아침이다. 햇살이 온몸에 퍼져 뭔가 좋은 일이 생길 것 같은 봄날이다. 하지만 이판일의 마음은 무겁다. 밤새 어머니의 기침 소리가 계속되었기 때문이다.

'이번에는 어머니의 병환이 좀 오래가는구나. 저러다가 돌아가시는 건 아닌지…….'

어머니의 기침이 아니더라도 이판일은 책임감이 강하고 성실하지만 늘 마음이 무겁고 걱정이 많다. 5남매의 장남으로, 집안의 가장으로, 이것저것 생각하면 세상의 모든 것이 다 걱정거리인 사람이다. 한시도 마음 편할 날이 없이 이 일 저 일을 고민하다 보니 늘 얼굴 표정은 굳어있고 웃는 방법도 모르는 사람 같다. 그 날도 담배를 태우고 있는데 마당으로 문준경 전도사가 들어온다.

'그때 덕자네 마당에서 노랫가락을 부르던……?'

얼핏 지나다가 찬양소리도 들어보았고 마을 사람들 일도 돕고 상냥하게 조곤조곤 이야기하는 모습을 본 적이 있었다. 마을 주민들과 함박웃음 짓던 선한 인상이 떠오르며 경계심은 생기지 않았다.

그랬다. 첫 만남은 그렇게 시작되었다. 이판일은 문전도사의 인상이 나쁘지는 않았지만 문전도사가 동네 사람들에게 전하는 예수라는 인물에 관심도 없었다. 마을에 선교사들이 와서 몇 번이나 이야기를 들었지만 전통적인 유교 가문과 예수는 어울리지 않는다는 생각만이 가득했다. 하지만 손님이 왔으니 양반답게 대접하고 맞아주자는 마음이었다. 늘 양반 체통과 예의가 제일 먼저인 사람이었다.

"안녕하시지라. 지는 진리교회 문준경 전도사라 하요. 쪼깨 드릴 말씀이 있어서 왔어라."

"뭔 말씀이신지? 일단 들어오시구려."

주님이 새롭고 좋은 일을 주신다는 확신이 문전도사에게 있었다.

'주님, 오늘 만나는 가정, 만나는 사람들이 주님의 향기로운 복음을 맡을 수 있는 영적 민감함을 허락하소서.'

"예수를 믿는 기독교를 어르신께 전해드리러 왔지라."

"우리 집안은 공자 맹자의 교훈을 믿는 양반가문이리서……."

"공자 맹자의 가르침이 사람의 행실과 성품을 가르치는 것이라면 예수의 가르침은 사람의 목숨을 살리는 법을 알려주는 종교이지라. 예수를 알면 사람의 생명이 죽어도 죽는 것이 아니고 영원히 살 수 있는 길이 있당께요."

그렇게 이판일에게 예수 믿고 새로운 삶을 살고 구원받으라는 복음을 전했는데 놀라운 일이 일어났다. 긴말도 필요 없이 기다렸다는 듯이 즉석에서 바로 구원의 확신 기도를 받고 복음을 받아들였다. 그 부족할 것 없는 양반집에서 모든 유교적인 관습을 버리고 예수를 믿는다고 선포하는 것은 쉬운 일이 아니다. 문전도사는 기도로 먼저 보여주시고 예비하신 은혜와 주님의 살아계심에 온몸이 전율했다.

이판일은 늘 어머니의 죽음에 대한 불안함이 있어서인지 영원히 살 수 있다는 말이 귀에 쏙 들어왔다. 어머니의 건강이 늘 염려였던 효자 이판일은 영원히 죽지 않는다는 복음이 그냥 좋았다. 효자 이판일로서는 그야말로 가장 귀한 희소식이었다. 그렇게 어머니가 죽지 않는다는 그 말 한마디를 듣고 복음을 무조건 받아들였다. 그 후 양반체면에 약속한 것은 꼭 지켜야 했기에 그때부터 철저하게 기독교 신자로 살아간다. 그렇게 뭐에 홀린 듯이 확신기도를 받았는데 그때부터 마음이 가벼운 건 사실이었다.

이판일은 그 다음 날 이 모든 과정이 무슨 일인가 생각하기 위하여 담뱃대를 꺼내 물었다. 그런데 갑자기 역한 냄새가 확 올라와서 담뱃대를 떨어뜨렸다.
'워메, 시방 이게 뭔일이당가?'
성경 말씀을 알기도 전에 이미 몸이 먼저 반응하고 있었다. 담배냄새 맡기가 힘들어진 것이다. 확실한 체험을 통하여 이판일은 점점 믿음이 깊어진다. 죽은 조상을 섬기는 제사를 먼저 없애며, 우상숭배 하지 말라는 십계명을 지킨다.

물론 어머니와 유교집안의 문중 어른들의 의아함과 반발이 당연히 있었다. 하지만 더욱더 기쁨으로 효를 행하고 집안 대소사를 살뜰하게 챙기니 어머니는 아들을 변함없이 믿고 신뢰했다.

자식들도 아버지가 여유있고, 부드러워지는 모습에 알 수 없는 오묘한 끌림을 느꼈다. 늘 무뚝뚝하던 집안의 가장이 잘 웃고, 엄격하기만 하던 집안 분위기가 날로 자유롭고 평안해지니 온 가족도 당연히 복음을 따라가게 되었다.

그리하여 이판일 가정은 온 가족이 모두 함께 주일예배에 참석하는 복음 가정으로 거듭났다. 이판일 가정의 전도는 마을 주민들에게 많은 영향을 끼쳤다. 그의 동생 이판성은 이판일이 친히 전도를 했고 마을 주민들도 빠른 속도로 복음을 받아들였다. 두 가정의 복음화는 교회 부흥의 계기가 되었다. 양반과 하인의 구분 없이 평등한 대접을 받는다는 것은 교회기에 가능한 놀라운 일이다. 그러기에 마을의 최고 양반이 교회출석을 하는 것은 커다란 반향을 일으키기에 충분했다.

 그 후로는 이판일의 마음의 불안과 걱정이 없어지고 평안을 누리게 된 것이다. 늘 자나 깨나 걱정과 고민으로 짓눌려있던 이판일은 생명마저도 사람이 근심해서 되는 일이 아님을 분명히 깨닫게 되었다. 어머니의 건강이 안 좋아도 천국소망이 생기니 그렇게 평안할 수가 없었다. 참 평안이 그의 마음과 가정에 흘러넘치니 이것이 바로 복음의 크고 놀라운 비밀이다. 교회 일꾼이 필요하다는 문전도사의 기도를 듣고, 주님이 이판일 장로의 마음을 움직인 것이다. 사람만 서두르는 것이 아니고, 분명 필요한 일에는 하나님도 사람만큼 급하게 움직인다.

 문전도사가 없을 때 이판일은 예배당을 든든하게 지켜주는 울타리가 됐다. 비가 오면 비가 새나 보러 가고, 눈이 오면 눈을 치우러 가고, 예배당의 땔감과 물독을 손수 채웠다. 그렇게 몸과 마음을 다 바쳐 주님께 헌신하고 문전도사 대신 새벽 예배를 인도하고 늘 예배드리는 것이 가장 우선 순위였다.

 문전도사도 이제 학기 중에도 마음 놓고 공부에 전념할 수 있었다. 이판일 가족과 동생 이판성 가족이 교회를 들어서면 꽉 차는 느낌이다. 무려 삼대에 걸친 열 명이 넘는 가족이 진리

교회의 열매가 된 것이다. 그렇게 임자도의 진리교회엔 이판일이 지킴이가 되었다. 이판일, 이판성 형제는 훗날 장로, 집사 직분까지 받고 가족 13명이 순교하는 복된 순교자 집안이 되었다. 더불어 임자진리교회는 훗날 문전도사를 포함하여 48명의 순교자를 배출한 교회가 된다.

여기 도의 영혼
을 사랑하시던
문 존경된 도사님
이 묵어계시다

제7장

등불을 준비한 예수님의 신부

허리에 띠를 띠고
등불을 켜고 서 있으라 누가복음 12장 35절

증도의 증동리에도 교회가 필요함을 절실히 느꼈다. 전도자는 늘어나는데 모두 다 임자도에 모여 예배를 드릴 수는 없었다. 그리고 매주 임자도까지 예배드리러 나오는 것도 무리였다. 그리하여 문전도사의 고향이나 다름없는 증동리에 교회를 개척하기로 마음먹었다.

일본 앞잡이들은 작은 섬마을에도 당연히 기승을 부렸다. 나라를 뺏긴 민중들은 영혼의 안식처가 절실했기에 예배당 건축은 더욱더 간절했다.

'이럴 때일수록 복음만이 힘이지라.'

증동리는 시아버지의 숨결이 서린 곳이고 고향이나 다름없는 곳이다. 고통과 환난을 인내로 견뎌낸 곳이고 그런 힘든 시간들 덕분에 많은 사람들의 삶의 아픔을 이해하는 지혜도 얻은 곳이다.

시아버지 3년 상까지 치른 효부기에 정씨 집안 문중 누구라도 문전도사를 인정하고 도와주려 했다. 정씨 집 사람들뿐만 아니라 문전도사가 어떻게 살았는지를 아는 사람들은 모두 그를 신뢰했다. 그러기에 예수를 잘 몰라도 문전도사의 말을 믿는 사람들이 있었다. 하지만 미신과 토속신앙이 난무하는 섬마을에 교회를 개척하는 일이 쉽지만은 않았다.

눈에 보이지 않지만 늘 우리 등 뒤에서 일하고 계시는 하나님은 시숙 정영범을 때에 맞추어 동역자로 보내주셨다.

"제수씨가 뭔가를 한다는데 도와야지라. 그라고 제수씨가 말하는 예수는 잘 몰라도 제수씨가 믿은께 지도 함 믿어 볼라요."

"아주버님을 보면 돌아가신 아부지가 생각나지라. 참말로 감사하지라."

시숙은 교회 건축 부지로 텃밭을 기증하고 건축자재들을 구하고 운반하는 일뿐 아니라 전반적인 모든 일을 애써 도왔다. 시숙이 먼저 적극적으로 나서니 마을 주민들도 자연스럽게 도움의 손길을 주었다. 시숙뿐 아니라 형님과 조카들까지 정씨 문중 사람들이 첫 동역자로 섰다. 인생이 새옹지마라고 남편으로 인해 가장 불행했다면 남편으로 인해 가장 도움받는 시간도 왔다. 무엇이든 처음부터 끝까지 나쁜 일 만은 없다. 사람도 하나부터 열까지 다 좋은 사람 없고 다 나쁜 사람 없는 것과 같다.

조카들은 도시로 일찌감치 나가서 학교를 다니며 어렴풋이 복음을 들어보기는 한 상태였다. 그런데 자기들이 존경하는 작은 어머니가 예수 이야기를 하니 더욱더 믿음이 더해지고 교회개척을 하는 작은 어머니를 적극적으로 밀어주었다. 그렇게 조카들이 문전도사의 말이라면 신임했기에 시숙은 더욱더 확신을 가지게 된다.

그동안의 사랑의 헌신은 의미 없이 땅에 떨어지지 않았다. 남편이 그렇게 속을 썩여도 정씨 문중의 며느리로 효를 행하며 할 일을 다 하고 살다 보니 정씨 후손들이 결정적일 때 도움을 주었다. 무엇이든 뿌린 대로 거두는 것이고 거두는 때가 따로 있다더니 조금 늦건 빠르건 그저 때를 기다리며 사는 것이 하나님 자녀들의 마음가짐임을 절실히 느꼈다.

마을의 남자들은 고깃배 타랴, 염전일, 농사일 하랴 바다로 산으로 들로 누비며 일하려니 쉴 새 없이 바쁘다. 여자들 또한 길쌈하랴, 보리방아 찧으랴, 아이들 돌보랴, 농사일 도우랴 그야말로 눈코 뜰 새 없이 일한다. 그렇게 바쁘고 힘든 가운데 마을 유지가 교회 건축에 협조하지 않으면 주민들 힘만으로는 불가능한 일이다. 먹고 살기도 빠듯한데 교회 짓는 시간을 달리 뺄 방법도 없고 누가 선뜻 앞장서서 일을 하겠는가 말이다. 낮에 못하면 밤에 건축 일을 했고 선착장의 기왓장과 목재를 머리에 이고 운반하다 보니 온몸에 상처투성이고 손톱과 손바닥이 갈라져서 피가 나오기도 했다. 평생을 일하느라 손끝의

지문도 지워지고 새카맣게 변해있는 주민들의 손바닥을 보며 문전도사는 코끝이 찡했다.

'주님, 이들이 흘린 노동의 땀을 기억하여 주시소. 그리고 그 가치와 수고를 복음으로 꼭 갚아주시소. 이들에게 귀한 복음의 선물을 주시소.'

밤에 새참을 먹으며 횃불 아래서 부르는 찬송은 응원가로 힘이 솟게 했다. 문전도사는 정성을 다해 목청을 가다듬고 사랑을 담아 찬송했다.

울어도 못하네 눈물 많이 흘려도
겁을 없게 못하고 죄를 씻지 못하니
울어도 못하네
십자가에 달려서 예수 고난 보셨네
나를 구원하실 이 예수밖에 없네

"아따, 성상님 노래 소리 한번 좋스라."
"아따, 인자 배부르고 힘나니까 또 열심히 일해 보더라고."
"그랴, 오늘도 열심히 해보드라고."

찬송소리는 마을의 논두렁과 노두길을 따라 다시 메아리가 되어 돌아와 흥을 돋운다. 그렇게 기왓장 한 장 한 장이 쌓여갈 때마다 문전도사의 가슴에 사랑의 체온도 올라갔다.

'아따, 겁나게 사랑해뿐지여. 우리 중동리 사람들……'

행정적으로 물질적으로 시숙이 성심껏 도와주니 진심으로 감사했다. 시아버지가 문전도사에게 물려준 재산 또한 모두 복음을 위한 밑거름으로 쓰였다. 자신을 위해서는 한 푼도 쓰지 않고 돕고 섬기는 일과 교회 건축에 썼다.

문전도사가 믿는 예수라면 믿어보겠다고 하는 정씨 집안은 예수복음으로 가득 찼다. 어찌 보면 남편 정근택은 가정 복음 전달자 역할의 희생자라는 생각이 들었다. 남편의 냉대 없이 평탄한 삶을 살았다면 문전도사 또한 예수를 받아들일 기회조차 없었을 것이다. 그렇게 생각하면 소박맞고 버림받은 삶이 은혜와 기쁨의 삶이고 남편이 그 악역을 해주었으니 고맙고 긍휼이 올라왔다.

"문심이 아부지도 예수 믿고 꼭 천당 가야지라. 온 가족에게 믿음의 사다리를 놓아주는 축복의 통로가 되고는 당신만 못가면 을매나 맘이 아플까야? 억울하지 않게 당신도 복음을 받아들이시소."

"아따, 또 씨잘데기 없는 소리 해쌌는다. 인자는 온 문중이 합심해서 같이 미쳤당께. 정씨 집안이 요로코롬 서양귀신에 씌여 망하게 될 줄 생각도 몬했구먼. 뭔 망신이다냐?"

정근택은 문전도사와 집안 사람들이 한심하고 불쌍했다. 쓸데없는 일에 돈 쓰고 시간 낭비하고 헛소리를 해대는 것이 도저히 이해가 안 됐다. 문전도사의 진심 어린 말이 귀에 들어올 리 없고 기고만장함은 수그러들지 않았다.

남편을 바라보는 문전도사의 눈가에 촉촉이 이슬이 맺힌다. 예수님이 부어주신 사람 사랑이란 이런 것이다. 어떤 조건 상황에서도 불쌍히 여기는 마음 말이다. 기도만이 남편을 위해 할 수 있는 일이었다.

'주님, 불쌍한 정근택의 영혼 구원을 도와주시소.'

몇 개월에 걸친 땀과 수고로 1935년 증동리교회가 드디어 세워졌다. 진리교회와는 또 다른 색깔의 감동이고 보람이었다. 가장 비참했던 시간과 공간이 주님의 영으로 새롭게 변화됐다. 사람의 시각으로 가장 불행한 일이 하나님의 계획으로 가장 빛나는 사건이 된 것이다. 과거의 그 어떤 시련과 아픔도 지금 현재 복음의 빛 속에 다 묻었다. 그리고 앞으로 복음으로 변화되어져 갈 이 땅의 소망이 무지개빛으로 넘실거렸다. 과거를 붙들고 씨름하는 것은 주님의 자녀들에겐 의미가 없다. 문전도사는 섬마을 사람들에게도 복음의 옷을 입혀 주고자 하는 소망만이 가득했다. 이 땅의 삶이 얼마나 짧고 허망한지 복음의 진리 아니면 그 어떤 것도 위로가 되지 못한다.

학교공부와 현장사역을 병행하며 온통 주님의 사람으로 살아가는 시간 속에 주님은 문전도사의 영과 육에 날마다 새로운 생수를 부어주셨다.

 어린아이였던 순희가 결혼하고 낳은 딸 민주와 함께 주일학교에 나왔다.
 "엄마 닮았구먼. 이름이 뭐시라?"
 "문준경 성상님, 안녕하시라. 지 이름은 강민주라야. 어무이께 문준경 성상님 말씀을 많이 들었지라."
 "아따 고놈 참 야물딱지고 느자구[12]있네 그려. 니 어매 이름이 김순희란 말이다냐?"
 문전도사는 민주를 보며 순희 어렸을 때 모습이 떠오르며 기특해서 웃음이 나왔다. 그 후로 엄마 순희는 문전도사에게 특별수업을 받았다. 성경공부를 통해 글공부를 같이 배우는 것이다. 하고 싶던 글공부를 이렇게 엄마가 돼서 하니 순희도 감회가 새롭다. 순희는 배운 그대로를 가지고 주일학교 선생님으로 섬겼다. 옛이야기 듣기를 그렇게 좋아하더니 아이들에게 성경이야기를 무척 재미있게 해주는 선생님이 된 것이다.
 "순희 니가 내 무릎에 앉아 옛날 야그 듣던 때가 엊그제 같구먼. 그란데 민주라는 딸이 있고 엄마가 됐으니 참말로 세월이 빠르구먼 그려."
 "작은 마님, 지도 그라요."

---

12. **느자구** 싹수(어떤 일이나 사람이 앞으로 잘 될 것 같은 낌새나 징조)의 전라도 방언

"작은 마님이란 소리 고만해라."
"야, 성상님요."
 민주 또한 엄마만큼 영특해서 성경공부를 시키면 곧잘 알아듣고 암송도 잘했다.
"민주야, 오늘 노아의 방주 야그 재밌다냐?"
"지한테도 하나님이 방주를 지으라고 말했으면 좋겠스라."
"그라믄 방주 안에는 누구 넣어 줄라냐?"
"일본 사람 다 빼고 우리나라 사람만 쏙 집어넣어야지라. 남의 나라를 뺏는 일본은 팍삭 망해야지라."
 민주의 야무진 대답을 들으며 나라 잃은 현실이 체감되어 가슴이 아팠다.
"그라믄 민주는 또 소원이 뭐시라?"
"아부지도 인자는 술 좀 그만 묵고 우덜과 같이 예수님을 믿고 천당에 가는거지라."
"걱정말그라. 민주 아부지도 꼭 예수님을 믿게 될 것이여."
 말이 없고 조용한 만신이에게도 질문을 했다.
"만신이는 소원이 뭐시라?"
"지는 성상님처럼 예수님을 전하는 사람이 되고 싶어라."
 문전도사는 온몸에 전율이 왔다. 진중하고 영특한 만신이가 예수님을 전한다는 꿈을 가지고 있었다니 말이다.
'그랴, 나가 다 못해도 이 아이들이 훗날에 또 예수를 전하는

사람이 되면 되는기라.'

"그려, 우리 만신이는 꼭 잘할끼구먼."

문전도사는 아이들에게 말씀을 전할 때면 기쁨의 물결이 일었다. 어른 예배를 인도할 때와는 또 다른 설렘이다. 아이들의 꿈 이야기를 들으면서 무한한 긍정과 희망을 가져 본다. 지금 비록 가난하고 일본에게 나라를 빼앗긴 민족이지만 아이들의 가슴에 있는 꿈마저 뺏기지 않았음에 한없이 위로가 되었다. 빨리 독립하는 날이 올 것을 아이들의 빛나는 눈망울을 통해 확신했다.

눈빛이 초롱초롱한 태기에게도 물었다.

"그라믄 우리 태기 소원은 뭐시라?"

"지는 아픈 사람을 돌보는 의사가 되고 싶지라."

"아고, 우리 태기도 훌륭한 의사가 될끼고만."

만신이는 훗날 우리나라에서 내놓으라 하는 목사가 됐고 태기는 마음을 고치는 상담 치유 전문 목사가 됐으니 꿈은 다 이룬 것이다. 세상의 빛과 소금이 될 아이들이 섬마을에서 문전도사와 함께 자라나고 있었다.

차별 없이 아이들을 대하니 아이들의 천국은 바로 교회였다. 집에서는 여자라고 구박받는 아이들도 교회서는 남자와 차별받지 않았고 가난해서 쌀밥 한번 못 먹는 아이들도 부자 아이와 비교당하지 않았다. 양반이니 하인이니 그런 건 상관없이 모두 평등하고 자유했다. 준경은 아이들 가르침에 균형과 조화를 지키는 전도사요 교사요, 어머니였다.

그러한 섬김의 결과로 문전도사가 사역을 한 땅 신안에서는 우리나라 훌륭한 목사들과 신학자들이 많이 배출되었으니 고재식, 김신배, 김준곤, 박문석, 박훈용, 안승갑, 이공신, 이만신, 이경순, 이만성, 이인제, 정태기 등이다.

어느 날 밤, 소리를 지르며 순희가 뛰어왔다. 머리는 산발이고, 신발도 신지 못한 차림이었다.

"마님, 마님. 지 좀 살려주시라. 민주 아베가 지를 때려 죽일란다요."

"시방 이기 무신 소리다냐?"

순희가 방에 숨자 수일이 술에 취한 채 마당에 들어서며 고함을 지른다. 평상시에 말없이 조용한 모습만 봤기에 수일의 소리 지르는 모습이 놀랍고 생소했다.

"민주 어무이 니 싸게 나오뿐지라. 나가 이 집에 한 번만 더 가민 니를 죽여버린다 캤는데 오늘 니 낸테 죽었구먼."

"민주 아베야, 이게 무신 짓이다냐? 이 사람아 놀랄 일일세."

"성상님이 상관할 일 아니구먼요. 그라고 왜 시방까지 우리 마누라에게 마님 대접을 받을라 카는데야?

"민주 아베 이 사람아, 나가 은제 대접 받을라 그랬당가?"

"아, 시끄럽고 고마 싸게 내 마누라 내 놓으랑께요."

수일은 혀가 꼬부라지고 술 주정을 있는 대로 하다가 마루에 쓰러져 잠들었다.

순희의 남편 강수일은 평상시에는 순한 양인데 술만 먹으면 순희를 때리고 안하무인이다. 술이 깬 다음 날 또 어김없이 순한 양이 돼서 후회를 한다. 딸 민주는 그런 아버지를 보며 너무 속상했다. 민주 소원이 아빠가 예수님 믿는 거라고 한 것은 아빠의 술주정은 예수님만이 고칠 수 있다고 엄마가 기도하던 소리를 들은 것이다. 아침이 되자 또 어김없이 순희에게 사과를 한다.

"나가 술에 취해서 실수를 했구먼. 미안하당께. 다신 안그랄 것이여."

"낸테 그라는 것도 모질라서 마님께까정 그런 행패를 부려싸요? 인자 지는 당신 얼굴 보기 싫은께 그란줄 아소."

문전도사는 순희가 시집가서 평안하게 잘 사는 줄만 알았지 수일의 술주정이 심한지는 처음 알았다.

설상가상 더 큰 일이 마을 전체에 퍼졌다. 마을에 장티푸스가 돈 것이다. 열나고 설사, 구토까지 나니 일단 몸이 축나서 견디기가 힘든 전염병이다. 더군다나 한 집에 환자가 한 명 생기면 온 가족이 떼죽음을 당할 수 있는 무서운 전염병이었다.

"성상님, 염병[13]이라 카두만유. 옮는기라 카던데 인자 우리 남편은 죽지라? 이 일을 우짜면 좋아라 성상님, 살려주시소."

환자 하나가 죽어 나갈 때마다 울고불고 아수라장이 됐다.

"가서 기도해야시라. 안 죽어라. 주님이 고칠 거랑께요. 염려 마시소."

병이 옮을까봐 의사도 적극적으로 치료하지 않고 피하기 바빴다. 점점 환자는 늘어나는데 다들 몸 사리기에 바빠 간호 일손이 부족했다. 몹쓸 놈의 병균은 계속 퍼져 나갔고 죽어 나가는 사람도 늘었다.

같이 목포지역에서 시무하던 백정희 전도사와 이학천 전도사는 증동리로 파견되어 문전도사와 함께 한약을 달여 먹이며 환자들을 돌보았다.

서울에서 어렵게 약을 구하여 환자가 있는 집마다 방문하며 간호했다. 사람들은 문전도사의 그런 모습에 구세주를 만난 듯이 매달렸다. 그 어떤 의사라도 적극적으로 병을 치료해보려 노력하지 않았다. 그도 그럴 것이 간단한 병이 아니고 의사라고 병균이 옮지 말라는 법이 없기에 몸을 사릴 수밖에 없다. 문전도사는 다들 꺼리는 마을 의사 역할까지 했다.

그런데 그 와중에 순희 딸 민주가 장티푸스에 걸렸다.

"마님, 우리 민주를 우짜믄 좋아라야? 지발 우리 민주를 살리

---

13. **염병** 장티푸스를 속되게 이르는 말

주시소."

"죽어도 하나님 뜻이고 살아도 하나님 뜻인께 민주는 낸테 맡겨불고 자네들은 기도만 하더라고."

문전도사에게도 민주는 가족처럼 남달랐기에 한시도 마음 편히 있지 못했다. 환자들을 여기저기 돌보러 다니며 순희 집에서 꼬박 밤을 새우며 민주를 간호했다. 아이들의 아픔을 보고 있는 것이 특히 큰 고통이었다. 그러다가 목숨을 잃는 환자들의 시체도 치우고 장례도 치러주었다. 가족들도 시체 치우기를 무서워하고 꺼렸지만 문전도사는 능히 감당했다. 섬 지방 사람들은 뼈에 죽은 사람의 영혼이 있다고 믿었기에 당장 매장하기 않고 초분의식[14]을 하는 사람들이 많았다.

이렇게 선한 목자 역할을 하는 문전도사를 보고 온 동네주민이 놀라고 진심으로 존경하고 의지하게 되었다.

"주님, 싸게 싸게 고쳐주시소. 이 마을의 악한 병균을 없애주시소. 주님, 도와주시소. 주님이 고쳐 주시야 합니다. 약도 없고 병원도 없고 방법이 없는 이 불쌍한 사람들을 주님이 고쳐 주시소."

계속 밤새워 간호하니 몸에도 무리가 갔다. 백전도사는 문전

---

14. **초분의식** 섬 지역 특유의 매장 방식으로 시신을 풀이나 짚으로 덮어 임시무덤을 만들었다가 2-3년 뒤 살이 다 썩은 후에 **뼈**를 추려 시루에 쪄서 땅에 묻는다. **뼈**로 사람의 죽음을 확인하고 **뼈**와 함께 영혼을 매장하기 위한 장례풍습이다.

도사의 건강을 염려하며 밤새 간호하는 것을 말렸지만 소용없었다.

"성상님, 몸이라도 상하면 어짤라고 이러신다요?"

"내 몸이야 괘안구먼. 저 사람들이 낫기만 한다면 나가 죽어도 괘안구먼. 백선생이야말로 가서 쉬랑께."

백전도사 또한 성심성의껏 도우며 수고를 아끼지 않았다. 그 스승에 그 제자라더니 문전도사는 본인이 받은 스승의 가르침을 고스란히 흘러 내려보내며 훌륭한 동역자를 만났다.

민주는 계속 온몸에 냉찜질을 하는 데도 좀처럼 열꽃이 내려가지 않아서 가족들의 속을 끓였다.

"성상님, 추, 추버야."

"아가, 우리 아가, 추버도 열이 나서 이불은 덮으면 안된다이. 쪼깨 참아보구마 아가."

사람의 목숨은 하나님 손에 있기에 설사 지금 병에 걸려 천국에 간다 해도 하나님 뜻이다. 그 하나님의 뜻이 살리는 거라고 믿고 기도하는 것이다. 지금 이 환난의 때가 민주 아버지 강수일을 전도할 수 있는 기회라는 생각이 들었다. 강수일을 불러 앉히고 말했다.

"아비의 기도에는 하나님의 권위가 임하고 어미의 기도에는 하나님의 자비가 임하네. 민주 아범아 진심으로 기도하게나."

강수일은 자식의 목숨이 걸린 일 앞에 서니 그저 자신이 잘

못 살았던 과거만 생각났다. 어찌나 부끄럽고 후회스러운지 지워버리고 싶었다.

"하나님 아부지, 이 못난 에비 땀시 우리 귀한 딸을 델꼬 가지 마시소. 지를 차라리 델꼬 가시소."

눈물 콧물을 흘리며 그저 딸 민주를 살려달라고 하나님을 불렀다. 민주만 살린다면 못할 것이 없었고, 너무나 다급하고 간절한 기도가 저절로 나왔다.

"성상님, 지는 민주만 살려주신다면 인자 술도 끊겠구먼야. 지가 잘못 살아서 지 딸이 벌을 받아 이래 아픈거지라."

"하나님은 벌을 주시는 것이 아니구먼. 이 사람아."

민주는 다행히 일주일 만에 열꽃이 내려가며 생명을 구할 수 있었다. 하나님은 아비의 간절한 기도를 들었고 강수일을 구원 열차에 올리기 위한 완벽한 시나리오였다.

딸의 생명을 걸고 기도를 한 강수일은 술을 끊고 거듭나 성령을 받았다. 이전의 옛사람은 벗고 새로운 사람으로 태어났다. 교회의 신실한 일꾼이 되어 궂은 일을 도맡아 하고 문전도사 심방 길에는 강수일이 길잡이가 되어주었다. 특히 배 타고 멀리 나가는 길에는 꼭 같이 동행하며 문전도사를 보필했다. 순희 부부는 이렇게 하나님의 신실한 일꾼이 되었고, 순희는 수일의 변화에 믿음이 더욱 깊어졌다.

"성상님 지는 인자는 술 냄새도 맡기 싫단께요."
"그거이 다 성령님이 자네 안에 계시다는 증표일세."
 강수일의 변화를 보며 사람들은 하나님을 간접 체험했다.
 민주 또한 죽음의 경계까지 가는 아픔에서 다시 살아나니 어린 나이에 새로운 세상을 경험한다. 더욱더 믿음이 깊어지는 계기였다. 더군다나 아부지가 술을 끊고 예수님을 섬기는 모습을 보고는 정말 좋았다. 기도가 이루어지는 것을 체험한 것이다.
"민주 소원이 이루어졌제? 인자 아부지가 예수님을 섬기고 말이여."
"성상님, 그란데 지는 또 다른 소원이 생겼어라. 성상님이 약을 어렵게 구했다고 들었어야. 지는 인자 커서 약 맹그는 박사가 되겠스라."
"워매, 우리 민주가 낭중에 박사가 된다 말이가?"
"야, 지는 좋은 약을 맹글어서 가난하고 힘든 사람들에게 나나 줄끼구먼유. 그라고 하나님을 알리는 일도 하겠스라."
"그랴, 그랴. 우리 민주는 구약과 신약 맨치럼 꼭 필요한 약을 맹그는 사람이 되거라이. 성상님도 기도할랑께."
"호호호 알겠스라 성상님."
 또 다른 큰 꿈을 꾸는 민주를 보며 뿌듯했다. 민주의 꿈을 들으며 문전도사도 꿈이 하나 더 생긴 것이다.

민주는 나았지만 결국 바이러스를 견디지 못하고 죽어 나가는 환자들도 많았다. 문전도사는 죽음을 지켜보며 사람의 인생이 얼마나 짧고 허무한지를 다시금 깨달았다. 또한 사람들이 죽음 앞에서 얼마나 두려워하는 약한 존재라는 것을 실감했고 복음 없는 죽음이 얼마나 허망한지도 보았다. 그러기에 살아생전 목숨이 붙어있는 동안 한 영혼이라도 복음을 전해야 한다는 사명감으로 차올랐다.

애통과 한탄의 눈물이 마을을 뒤덮고 문전도사는 간호사, 의사의 역할로 계속 바쁜 일정이었다. 자기 목숨도 아끼지 않고 간호하는 그를 보고 누구든지 다 감동할 수밖에 없었다. 하지만 문전도사는 예수님을 배제하고 자기가 드러나는 것을 원치 않았다. 이 모든 일을 할 수 있게 도와주신 예수님을 찬양했다. 보이지 않지만 그분이 하셨다는 말에 다들 예수님을 알아가고 믿음이 쑥쑥 자랐다.

"예수님이 을매나 우리를 사랑하시는지 그저 감사할 뿐이지라."
"아따, 그라요 성상님. 지도 예수님이 좋구먼유."

주민들은 마을에 어떤 일이 생겨도 이제는 문전도사를 먼저 찾았고, 그 어떤 힘들고 어려운 일도 문전도사는 마다하지 않았다.

"성상님, 우리 마누라가 아를 낳을라카는디 싸게 와주시소."
"아즉 산달이 한 달이나 남았는디 고놈 참 성격도 급하구먼."

큰 인물 될라고 그러는 것이여."
　이렇게 문전도사는 산파 역할까지 했다. 우리말과 글을 뺏기고 창씨개명까지 강요받았지만, 아가의 이름은 순 한글로 예쁘게 지어주었다. 마을의 의사로, 간호사로, 해결사로 문전도사는 그렇게 복음을 증거했다.

　"성상님, 하나님이 지를 겁나게 싫어한당께유. 와 이리 지를 아프게 하는지 모르겠스라."
　"은혜 주신 기는 다 까묵고 무신 말이다냐? 하나님의 사랑이 변하는 것이 아이고 사람들의 맴이 변하는 기라. 어째 하나님이 자네를 사랑하지 않겠나? 사람은 누구나 아플 때도 있고 건강할 때도 있제."
　성도들은 몸이 아프거나 힘들면 하나님을 원망하기도 한다. 하지만 그 또한 신앙의 과정이라 생각하고 다정하게 다독인다. 그렇게 학교공부와 실습 사역으로 교회 개척을 병행하며 1936년 6월 드디어 성서학원을 졸업한다. 그 후 증동리교회를 선교 본부로 삼고 본격적인 사명의 길을 묵묵히 걸어간다.
　문전도사는 그렇게 아프고 가난하고 힘든 사람들을 찾아다니고 섬기며 하루하루를 복음의 빛 속으로 걸어갔다.

제8장

때가 이르면 반드시 거둔다

우리가 선을 행하되 낙심하지 말지니
포기하지 아니하면 때가 이르매 거두리라 갈라디아서 6장 9절

물레야 물레야 잘도 돈다
민첩산이 고리싸리
충수산이 고리싸리
석수대정 들은 가락
들메국을 제이여는
오롱오롱 잘도 돈다

길쌈을 하며 부르는 노랫가락이다. 낮에는 농사일에 뱃일에 열심히 일하고 밤이면 호롱불 아래서 길쌈을 하는 주민들도 많았다. 이처럼 땅에서 바다에서 삶을 위한 움직임이 그만큼 고되고 힘들었다. 그러기에 복음 안의 평안과 기쁜 소식이 가장 필요한 곳이기도 하다.

이렇게 밤에 일하며 그 다음 날의 기후를 예측한다. 섬사람들은 밤공기의 습한 정도와 바람의 방향에 따라 다음날 날씨를 정확하게 맞추고 기후 변화를 느끼는 촉이 또한 남다르게 발달되었다. 기상예보가 따로 없는데도 파도의 높이까지 정확하게 예상하고 대비했다.

"아고, 성상님. 시방 날씨는 배 타는 건 위험하당께요. 먹구름도 많고 파도도 많이 칠 기세구먼유."

"아픈 사람이 오늘 이 약을 꼭 묵어야 하는구먼."

서울 여기저기에 부탁해서 어렵게 구한 약을 들고 문전도사는 대초리를 가지 못해서 애가 탄다.

"아따 성상님, 물때썰때를 알아야지라.[15] 비가 억수로 쏟아질 기세니 쉽지는 않겠스라."

"걱정하덜 말어. 내는 주님만 붙들고 있을거구만. 돛단배를 믿는 게 아녀. 내는 주님을 믿는 거구만."

"워매 배위에서 죽을지도 모르는디 고집을 부리싼게 어째야 쓸까요 성상님……."

문전도사는 이런 식으로 사역에 있어서는 몸을 사리지 않고 물러서지 않으며 막무가내였다.

배 위에서 비를 맞는 일을 숱하게 겪은 문전도사는 이제 대초리에도 교회를 세우려 한다. 대초리는 교회를 세우는 것도

---

15. **물때 썰때를 안다** 밀물이 올라올 때와 썰물이 질 때를 안다는 뜻으로 사물의 형편이나 나아가고 물러서는 시기를 잘 알고 있음을 비유적으로 이르는 속담이다.

다른 지역보다 몇 배로 힘들다. 밀물이면 노두가 바닷물에 잠겨서 통행할 수가 없다. 시간을 잘 맞추지 못해서 중간에 바닷물에 잠겨 위험한 상황을 맞기도 한다. 그럴 때도 어김없이 찬송을 부르며 두려움을 이긴다.

험한 시험 물속에서 나를 건져 주시고
노한 풍파 지나도록 나를 숨겨 주소서
주여 나를 돌아보사 고이 품어 주시고
험한 풍파 지나도록 나를 숨겨 주소서

땅끝까지 가서 복음을 전하라는 말씀에 순종하여 가시밭길이든 비단길이든 노두길이든 상관하지 않았다. 그렇게 문전도사는 갈 길을 밝히 보이시는 그분이 계시기에 그 어떤 길도 묵묵히 걸어갔다.

증도보다 더 작은 섬에 위치한 대초리는 다른 지역보다 더욱더 폐쇄적이고 미신이나 무속신앙이 많이 퍼져 있는 지역이다. 심지어는 생선을 뒤집어 구워 먹으면 배가 뒤집힌다고 한쪽만 구워 먹다 보니 새까맣게 태워서 먹곤 한다. 물론 다른 섬 지역도 타파해야 할 오랜 관습이 많이 있지만 대초리는 폐쇄성이 더욱 심하다. 이런저런 우상숭배와 관습에 물들은 마을이기에 교회나 예수는 당연히 배척 대상이다. 정직하고 순수한 사람들이지만 마음의 문을 닫고 사는 사람들이 많아서 접근하기도 힘들다.

그러기에 전도하러 들어온 선교사들은 매를 맞고 오물을 뒤집어쓰고 쫓겨나기 일쑤였다. 하지만 복음전파를 포기하지 않은 선교사들의 묵묵한 희생의 발자국은 한반도 곳곳에 계속되었다.

문전도사는 이 척박한 땅에 선교사를 보내준 주님의 은혜에 감사해서 눈물이 쏟아지곤 했다. 선교사들이 힘들게 뿌린 씨가 싹을 틔울 것이라는 믿음이 있었다. 임자도와 증동리의 개척 경험이 대초리 교회 개척에 밑거름이 됐다. 그동안의 시행착오는 버리고 좋았던 방법들을 취했다.

1938년 3월 드디어 대초리 교회가 문을 열었다. 시작은 미약하지만 주님의 예배당이 세워진 것으로 큰 의미가 있다. 아침에 일어나 기도하고 예배 종을 치고 찬송가를 불렀다. 교회당 종소리와 찬송가 소리는 파도소리에 실려 섬마을을 휘감아 돌았다.

문전도사에게 임자도나 증동리보다 훨씬 강한 핍박이 있었지만 어떤 험한 말과 부당한 대우에도 맞대응하지 않고 참아주니 싸움이 안 됐다. 그리고 그들의 필요를 먼저 채워주고 이해하려 했다. 그들 입장에서는 핍박이 아니라 낭연한 반응이라는 생각으로 주민들을 대하다 보니 억울하지도 않았다.
'당연한 것이여. 복음을 모르는데 당연히 나가 싫고 이해가 안 가제. 핍박이라고 생각하믄 안되는 것이제. 저들 입장에서는 당연한 일이여.'
미친 여자라고 손가락질을 받을 때도 담담했다.
'그려, 내는 예수에 미친 사람 맞구면.'
아이들에게는 미친 거지 취급을 받았다.
"미쳤데요, 미쳤데요. 거지라요, 거지라요."
아이들은 문전도사가 지나가면 미친 거지 노래를 부른다. 어른들이 미친 여자라고 하니까 그렇게 믿는 것이다.
'그려, 임자도나 증동리처럼 여그 아그들도 순수한 저 마음밭으로 하나님의 군대를 만들것이구먼.'

하루는 굿을 하고 있는 당산堂山[16]까지 가서 기도와 말씀을 전했다.
"이런 거슨 모두 잡귀라. 하나님께 기도하고 그분만을 섬겨야지 인자 이런 일은 그만하자요. 하나님 아부지, 우리 사랑하는 이 무당 아지매 하나님 품에 안기게 해주시소. 아부지 품에 안기도록 해주시소."
무당이 문전도사를 몰아내고 한바탕 소란이 일어나야 하는데

---

16. **당산**堂山 토지나 마을의 수호신이 있다고 하여 신성시하는 마을 근처의 산이나 언덕

무당은 무언가에 쫓기는 사람처럼 불안함을 감추지 못했다.
"아따, 서양귀신아. 가차이 오지 말랑께."
말끝을 흐리더니 무당은 땀을 뻘뻘 흘리며 그 자리에서 쓰러졌다. 단순히 몸이 피곤하고 안 좋아서 쓰러졌다고 생각하는 사람들도 많았지만 서양 귀신이 무당을 이겼다고 생각하는 사람들의 말이 퍼져 나가며 술렁거리기 시작했다.
'기적이랑께. 기적이랑께.'
더군다나 무당이 진짜 그 날 이후 모든 굿판을 접었다. 그렇게 무당이나 잡신을 섬기는 사당들이 하나씩 없어지면서 증도에는 예수님 성전이 계속 생겨나기 시작했다. 대초리에서는 사람들의 눈에 보이는 기적이 많이 생겼다. 그만큼 전도가 힘든 동네기에 눈에 보이는 증거를 보여주며 하나님은 일하신 것이다. 문전도사는 또다시 새 힘을 얻고 일어섰다.

어느 날 동네 남자 노인이 대추방망이[17]를 들고 마당으로 뛰어들어오더니 다짜고짜 머리채를 낚아챈다.
"이 잡년이 서양귀신을 몰고 들어오더니 계속 날이 궂어서 아들이 탄 배가 못 돌아오고 있자녀. 다 이 오살할 년 때문이여."

---

17. **대추방망이** 대추로 만든 방망이. 대추는 자손 번성을 의미하며 대추나무 방망이는 잡귀를 쫓아낸다고 믿었다. 대초리는 대추가 많이 열려서 생긴 지명이다.

머리끝이 쭈뼛쭈뼛 서며 온몸에 전기가 지나는데 머리가 뒤로 젖혀진 채로 질질 마당에 끌려갔다.

"아고, 어르신. 이거이 놓고 말씀하시라요. 동네 사람들, 살려주시소."

"종소리 한 번만 더 들리면 늑살나게 쳐버려 죽일 줄 알아라이. 이 잡년이 시끄럽게 만날 뭔 지랄이다냐."

그렇게 심하게 때리며 욕을 하고 간다. 얼마나 맞았던지 온몸이 굳어서 움직일 수가 없다. 머리는 산발이고 무릎이 까져서 피가 줄줄 흘러내렸다. 끙끙 신음소리가 절로 났다. 빨리 씻어야 하는데 누구 하나 부축해주는 사람이 없다. 뒤로 보니 주민들이 우르르 있었지만 때리는 노인을 말리지도 않고 재미난 구경 하듯이 쳐다만 보고 있었던 거다. 그 사실이 문전도사를 더 기가 막히고 놀라게 만들었다.

'예수를 알고 만났다면 이렇게 맞는 사람을 그냥 두지는 않았겠지라……'

어떤 사람들은 아예 대놓고 혀를 찬다.

"쯧쯧. 으짜다가 미차가지고 얻어맞아도 싸지 싸. 죽지 않을 정도로 후려 패부리랑께."

'미친 여자는 이래 맞아도 된단 말여? 이건 아녀. 사람들이 너무 족살 맞구먼 그려. 참말로 허망한 생각들을 갖고 사니 가심아픈 일이랑께.'

생각이 거기에 다다르자 문전도사는 자신의 몸이 아픈 것은 잊고 무지하고 불쌍한 영혼들이 한없이 안쓰럽고 마음이 급해졌다.

'겁나게 두들겨 맞는데도 불구경하듯 하는 저 불쌍하고 무지한 영혼들을 예수님이 고쳐주시소.'

안타까운 마음이 차오르며 그 몸 상태로 무릎을 꿇고 기도를 했다. 누구에게 이렇게 심하게 맞아 보기는 처음이다. 몸으로 느끼는 아픔 또한 정신적 고통만큼 힘들다는 것을 깨달았다.

'서방에게 안 맞고 산 게 다행이구먼. 소박은 맞았어도 매는 안 맞고 살았잖여. 몸이 아픈 사람 심정을 쪼깨라도 알게쓰라. 주님 이리 가르쳐줘서 감사해요.'

모든 것을 감사로 생각하니 육체의 고통을 알게 하신 것도 감사했다. 맞는 사건을 계기로 몸은 축났지만, 마음은 더욱 강하고 단단해졌다.

다음 날도 어김없이 언덕에 올라 허사가 찬양으로 주님을 불렀다. 몸이 퉁퉁 붓고 아픈 상태지만 눈물 속에 감사가 흘러넘쳤다. 고운 찬양소리가 마을의 강박한 사람들의 귀에 속속 들어갔다. 누구 하나 찬양을 한다고 뭐라 하지는 않았다. 우리나라 사람들은 누구나 노랫가락 듣는 것은 좋아한다. 청아하며 우아한 목소리는 빨려들듯이 아름다운 음률을 타고 퍼져 나갔다.

세상만사 살피니 참 헛되구나
부귀공명 장수는 무엇하리오
고대광실 높은 집 문전옥답도
우리 한번 죽으면 일장의 춘몽

일생일귀 북망산 불귀객되니
일배황토 가련코 가이없구나
솔로몬의 큰 영광 옛말이 되니
부귀영화 어디가 자랑해볼까

추초 중에 만월대 영웅의 자취
석양천에 지닌 객 회고의 눈물
반월산성 무너져 여우집 되고
자고새가 올 줄을 뉘 알았으랴

인생백년 산대도 슬픈 탄식뿐
우리생명 무엔가 운무로구나
그 헛됨은 그림자 지남 같으니
부생낭사 헛되고 또 헛되도다

홍안소녀 미인들아 자랑치 말라
영웅호걸 열사들아 뽐내지 마라
유수 같은 세월은 널 재촉하고
저 적막한 공동묘지 널 기다린다

몸이 아픈 상태에서 부르니 더욱더 은혜다. 그야말로 누가 들어도 꾀꼬리 소리를 타고나서 듣는 이마다 감탄이다. 날이 갈수록 주민들은 노랫가락 듣기를 즐겨했다. 찬양으로 먼저 익숙해지며 복음의 물꼬가 터지며 요령이 생기고 담대해졌다. 노랫가락을 들으러 왔다가 그의 설교를 듣게 되니 찬송전도는 참으로 효과가 컸다.

농사일하는 사람에게 새참을 나눠주기 시작했다. 증동리에서는 일도 많이 도와주었는데 대초리 사람들은 그마저도 여의치 않은 상황이었다. 농사일도 남을 믿지 못하여 본인들이 직접 다 해야 직성이 풀리는 고지식한 사람들이다. 그래서 택한 방법이 일하다가 목마를 즈음에 시원한 막걸리와 부침개를 새참으로 주는 것이었다. 사람들은 일하다 힘드니 막걸리를 시원하게 잘 받아마셨다.

눈썹 노인은 문전도사가 건네는 사탕과 약과는 넙죽넙죽 잘도 받아먹는다. 흉터 때문에 왼쪽 눈썹 반쪽이 없이 갈매기 날개 반쪽인 형상이라 보기만 해도 험상궂다. 짙고 굵은 눈썹이 꿈틀거리는 벌레 같다. 그런 노인이 마구잡이로 때렸으니 마주칠 때마다 겁나서 가슴이 철렁 철렁 내려앉았다.

늑살나게 쳐버려 죽인다는 노인의 그 목소리가 계속 귀에 쟁쟁하다.

'워메 주님, 눈썹 노인이 지 좀 안 때리게 맴 좀 붙들어 주시소.'

몇 번을 더 때린 후에 받아먹는 사탕이 좋아서인지 찬양소리가 좋아서인지 어느 날부터 더 이상 행패를 부리지 않으니 살 것 같았다.

"어르신, 약과 드시지라."

약과를 주고 난 후 돌아서는데 눈썹 노인이 욕 대신 처음으로 제대로 된 말을 시킨다.

"니는 살맛 안나는 시상에 뭐땀시 만날 히죽거린다냐?"

"긍께 예수님을 만나믄 기냥 웃음이 나온당께요 어르신."

"지랄해쌌는다. 서양 코쟁이들도 나가 물벼락도 주고 그랬는디 니는 서양년도 아닌 것이 와 예순가 지랄인가한티 미치가꼬 그라는지 참말 거시기하고 불쌍하당께."

"어르신을 가장 사랑하고 이해해줄 분이 예수님이지라. 궁금하시면 우리 집에 오시면 성경책도 드리고 할랑께요."

또 맞을까봐 짧은 시간에 마음이 요동했지만 일단 말 나온 김에 다 했다. 눈썹 노인은 그냥 혀를 끌끌 차고 간다. 오늘은 왠지 다른 날보다 힘이 없어 보인다.

"이따 또 지랄하지 말고. 내는 우리 아들 올 때 되서 가봐야 혀."

"야, 어르신 조심해서 들어가셔라."

무슨 사연인지 노인의 뒷모습이 측은해 보였다. 매일 아들을 기다린다는데 정작 한 번도 그 아들은 본 적이 없다. 노인의 자식이 고깃배를 타고 나가서 죽었다는 이야기는 시간이 좀 흐른 후에 들었다. 노인은 아들이 죽었다는 사실에 너무 충격을 받아서 그 기억만 잃어버리고 배 타고 나간 아들을 매일 기다린다. 이 세상에서 자식을 먼저 앞세운 부모만큼 가슴 아픈 일은 없을 것이다. 자식이 죽으면 부모는 자식을 한시도 잊지 못하고, 평생 가슴에 묻고 산다 하고, 창자가 끊어지는 슬픔이라고 한다. 그 어떤 표현도 그 아픔을 다 나타낼 수는 없을 것이다.

사람이 이 세상에 오는 순서는 있어도 가는 순서는 정해지지 않은 슬픈 삶의 법칙 또한 천국 소망이 아니면 어느 곳에서도 위로 받을 길이 없다.

문전도사는 새끼 잃고 정신 줄을 놓은 눈썹 노인이 너무 마음이 아팠다.

'새끼가 바다에 빠져 죽어뿐지는디 저 노인의 맴이 오죽할까이.'

처음에는 동네 사람들도 잠깐 그러다 말겠지 했는데 아들 장례를 치른 기억을 진짜 까맣게 잊고 매일 배를 기다린단다. 그 후로 며느리도 손자를 데리고 섬을 떠났고 지금 혼자 사는 외로운 노인이었다. 자식을 잃고 얼마나 힘들어서 저러나 싶어 자신이 맞아서 노인의 마음이 조금이라도 편하다면 계속 맞아 주고도 싶었다. 그리고 복음을 꼭 전하리라 마음먹고 주님께 무릎 꿇고 울면서 간절히 기도했다.

"아들도 잃어버리고 가족도 다 떠나버리고 저리 불쌍한 노인이 예수님을 만나야지라. 아부지가 도와주실 것을 믿습니다. 예수님 이름으로 기도합니다. 아멘."

한 달에 한 켤레 씩의 고무신이 닳아 없어질 정도로 걷고 또 걸었다. 고무신은 조금만 빨리 걸으면 잘 벗겨지고 겨울에는 무척 발이 시렵지만 그런 물리적인 환경이 문전도사에게 중요한 문제는 아니었다. 한 걸음이라도 더 디디며 복음을 전해주고 싶은 마음만 가득했고 산길을 오르고 바닷길을 건너고 어디든지 못 갈 곳은 없었다.

가난한 자들에게 음식을 먹이고 아픈 사람들에게 약을 구해 먹이고 일손이 필요하면 일을 해주고 갓난아기도 돌봐주고 마을 주민들을 위한 섬김을 꾸준히 했다. 말로만 기도하는 것이 아니라 그 자리에서 바로 안수기도를 하고 집에 돌아가서도 기도했다.

"주님, 갑수 어매 빨랑 고쳐주시소. 이라시면 안됩니다. 갑수 어매가 나아야 그 집안이 지대로 돌아가지라. 주님, 점순 아버지 노름하는 버릇도 고치주시소. 주님이 고쳐야지 누가 고치게쓰라?"

사람들 이름과 기도제목을 기도수첩에 빼곡하게 적고 수시로 열어보며 기도를 했다. 틈만 나면 기도를 하니 입에서 술술 외우다시피 자연스런 기도가 나왔고 기도수첩은 너덜너덜하니 얼마나 많은 손때가 묻었는지 짐작할 수 있다.

사람들을 찾고 또 찾아다니며 걷고 또 걷고 하루 종일 그렇게 사역을 하고 집에 돌아오면 발이 퉁퉁 붓곤 했다. 하지만 아무리 피곤한 날도 기도를 마친 후에야 잠자리에 들었다. 교회는 병든 자, 가난한 자, 배고픈 자들의 피난처고 휴식처다. 주님의 종으로서 예수님의 가르치고 선포하고 치료하는 사역을 그대로 따른 것이다.

치매 노인과 일어나지 못하는 중증환자의 똥오줌도 받아주고 목욕도 시켜주었다. 바쁜 일손에 그런 환자를 하루라도 봐주면 가족들이 얼마나 수월한지 모른다.

"성상님, 우리 어무이 오늘도 봐주시서 고맙습니다."

"내도 옥순 할매랑 재미지게 잘 지냈구먼. 또 은자든지 연락 주시게나."

공기놀이도 하고 소꿉놀이도 하며 시간을 보냈다.

문전도사가 가려 하니 치매 노인은 눈빛으로 무척 고마워한다.

"고맙구마 대추전병이나 묵고 가라."

"지는 또 정자 어매 집에 싸게 가봐야지라. 어르신, 마이 자시고 낭중 볼때까정 잘 지내시라요."

"……"

정신이 오락가락한데도 어느 순간에는 진짜 멀쩡한 사람이 되어 눈물이 그렁그렁한다. 사람의 진심은 전해지듯이 가식적이고 형식적인 행동이 아니라 사랑으로 하는 섬김에 그 얼음

같던 동네 사람의 마음도 천천히 녹아갔다. 아무리 마음이 급해도 꽁꽁 언 얼음이 녹으려면 시간이 걸리듯이 묵묵히 기다려주었다. 우리 인생은 이렇게 얼음이 녹는 시간을 기다리는 날이 많다.

장례식에는 꼭 참석하여 위로해주고 장례식장에서 먹을 음식을 싸와서 가난한 이웃들에게 나눠주었다. 혼례식이나 잔치가 있는 날이면 푸짐한 음식을 나눠줄 생각에 두 배로 기쁜 날이다. 그렇게 대초리에서도 마을의 꼭 필요한 사람이 되었고 문전도사의 선한 영향력은 점점 커졌다.

"성상님, 새벽기도를 드리고 싶은디 멀어서 가기가 힘들지라."
"성상님, 저녁예배를 드리고 싶은디 시어머니, 남편 눈치가 보여서 못가지라."
"성상님, 기도하고 싶은디 교회까지 가기가 멀지라."
"성상님, 교회가 멀어서 갈 수가 없당께요. 영감이 어찌나 승질을 내뿐진지."
"아고, 우리도 가차운 곳에 교회가 있었으믄 참말로 좋겠스라."
이런 사람들을 위하여 중간중간에 기도처를 만들었고, 교회까지 오지 않아도 기도처에 가서 기도할 수 있었다.
기도처가 생긴 후 일을 끝내면 머리에 수건을 쓰고 기도를 하러 가곤 했다. 그리고 교회 종소리가 나면 하던 일을 멈추고,

예배를 먼저 드리러 갔다.

문전도사는 생각했다.

'우리의 죽음의 순간도 이런 것이 아닐까? 하나님이 천국으로 오라고 하면 모든 하던 일을 멈추고 가야 하는 것을 생각하면 이 땅의 무엇에 절절매는 우리의 모습이 참 어리석게 느껴진단 말이여.'

그리고 상정봉에도 성도들과 함께 올라갔다. 그곳에서 나라와 민족을 가슴에 품고 기도의 무릎을 꿇었다. 상정봉에는 큰 바위가 우뚝 솟아 있었고 성도들은 그것을 기도바위라고 불렀다.

"지가 여러분과 여그 함께 온 것은 그저 입이 무거운 분들만 모았지라. 그저 우리 하나님께만 말쟁이가 되는기라요."

"워메, 그럼 우덜이 입이 무겁고 믿을 수 있는 사람으로 성상님께 뽑힌거지라?"

"나라를 잃어버린 백성이 나라를 위한 기도를 하지 않으면 으짠다요. 우리나라를 일본에서 찾아오기 위해 정신 바짝 차리고 기도를 올려 드려야지라. 지한테 뽑힌기 아니라 하나님 기도의 용사로 뽑힌기지라."

성도들은 전도사가 자신들을 믿어주고 신뢰하니 더욱더 간절한 기도가 나왔다. 가장 중요한 것이 나라를 위한 복음의 기도였다. 일제의 악랄함이 심할 때고 일제의 앞잡이가 된 사람들 때문에 입조심이 필요할 때라 매사에 조심스러울 수밖에 없었다. 끝없이 이어지는 역사의 환난과 가난의 굴레, 나라 잃은 백성들의 울분과 아픔을 같이 겪다 보니 삶 속에서의 자연스러운 전도가 됐다.

일본의 악랄한 억압과 종교탄압도 수년간 더욱 심해져만 갔다. 이름만 전도사가 아니라 진짜 삶의 현장에서 사랑의 전도, 복음의 전도를 하는 진정한 전도사로 살았다.

제3부

9. 환난의 역사 속에서

10. 거룩한 메아리

제9장

환난의 역사 속에서

여호와의 말씀이니라
너희를 향한 나의 생각을 내가 아나니
평안이요 재앙이 아니니라
너희에게 미래와 희망을 주는 것이니라 예레미야 29장 11절

성도는 점점 늘어갔지만 은혜의 마당을 지키는 것이 너무 힘들고 식민지 치하의 나라 사정은 안팎으로 어려웠다. 우리 민족의 정체성을 흔들기 위한 일본의 신사참배와 동방요배 강요는 점점 심해졌다. 신사참배는 일본의 종교 사원인 신사를 지어놓고 절하는 것이고 동방요배는 일본 천황이 살고 있는 동쪽을 향해 절하는 일이다. 우리말과 글을 빼앗고 일본식 이름을 쓰라는 창씨개명을 강요하고, 황국신민서사[18]를 외우게 했다. 이렇게 끔찍한 민족말살정책은 다각도로 계속되었고, 일제는 우리나라에 신사를 계속 지어나갔다.

주일학교에서 아이들도 신사참배와 황국신민서사를 외우게 하는 것에 강한 불만을 나타냈다.

---

18. **황국신민서사** 일본제국이 1937년에 만들어 조선인들에게 외우게 한 맹세다. 황국신민서사의 내용은 성인용과 아동용으로 나누어져 있다. 일본제국과 천황에게 충성을 다하겠다고 하는 전문이다.

호기심이 많고 총명한 준곤이가 말한다.

"성상님, 뭐땀시 우덜이 일본 천황을 모셔놓은 곳에 절을 해야 한당가요? 그라고 뭐땀시 우덜이 황국신민 천황에게 충성을 맹세해야 한단말이어라?"

민주도 흥분하며 말을 잇는다.

"우덜이 식민지 백성이니께 일본 놈이 주인이라는 말이제. 참말로 죽일 놈들이랑께."

아이들의 눈빛도 나라를 찾아야 한다는 애국심으로 불탔다. 하지만 한 번 넘어간 나라를 되찾는 것이 쉽지 않았다. 나라를 빼앗긴 것이 이렇게 무섭고 슬픈 일임을 살면서 뼈저리게 실감했다. 우리 민족의 경제 자립 운동인 조선물산장려운동도 일제의 심한 탄압으로 강제로 해산되고 만다. 평양신학교와 숭의전문학교, 숭의여학교는 신사참배를 반대한다는 이유로 조선총독부에 의해 강제로 교문을 닫은 상황이었다. 식민지를 면해 보려는 민중의 처절한 노력과 몸부림이 수포로 돌아가는 핍박과 환난의 세월이었다.

신사참배가 우상숭배고 십계명에 위반되는 죄악임을 알기에 교회는 계속 저항했고 황국신민화 정책과 부딪칠 수밖에 없었다. 특히 예수재림을 강조하는 성결교단을 눈엣가시로 생각했다. 천황에게 모든 주권이 있고, 천황을 신처럼 숭배하기에 성결교단의 재림교리를 당연히 못마땅하게 생각했다. 예수님이 왕으로 이 땅에 다시 온다고 하는 재림교리는 일본 천황을 무시한다는 것이다. 그러기에 일본 경찰의 고문과 취조는 점점 악독해지고, 성전에 일장기를 게양하고 예배를 드릴 때도 국민의식을 행하라고까지 강요했다. 나라와 교회가 가장 어려운 상황에 직면했고 국민들의 반발이 커질수록 탄압도 더욱 잔인해져 갔다.

"성상님, 이래 가다가는 교회도 지키기 어렵겠스라."

"일본 놈들에게 나라를 뺏긴 것도 억울한디 인자는 교회까지 간섭을 하니 으짠단 말이요. 성상님."

성도들은 문전도사를 보고 하소연을 했다.

"이랄수록 우리는 더욱더 주님을 붙들고 기도해야지라."

"성상님, 지 친정이 군산인디 일본놈들이 군산에 정미소를 세워서 우리 쌀을 일본으로 보내준다 카더랑께요. 우덜이 힘들게 지은 농사를 일본 놈들이 배부르게 먹는다 생각하니께 분해서 잠이 안온당께요."

"우상을 섬기는 일본이 이 땅을 빼앗고 날뛰는 것을 보니께 예수님 오실 때가 머지 않았지라. 우리 모두 다 힘을 내더라고요."

나라와 민족의 현실 앞에서 애통함과 서글픔만 더했다.

급기야 1938년 평양에서 열린 장로회 총회에서 교회 지도자들이 신사참배를 신앙의 문제가 아닌 국민의식일 뿐이라고 결론을 내린다. 조선총독부와 평양경찰서의 미리 짜놓은 각본대로 처리한 것이다. 총독부의 사주를 받은 목사들은 거리낌도 없이 의견을 이야기했다.

"총독부는 처음부터 신사참배를 가리켜 이것은 종교 행사가 아니고 어디까지나 국가행사 중 하나라고 설명해 왔습니다. 우리가 반대할 이유가 없는 것입니다."

반대하는 쪽의 입장은 경찰들에게 제지를 당하고 말할 기회도 얻지 못했다.

"신사참배 찬성을 결의하면 답해주시오."

미리 짜놓은 대로 몇 사람이 "예"라고 답했고 총회장은 찬성안이 가결되었다고 선포했다.

"제27차 장로교 총회는 신사참배를 찬성하기로 결정합니다."

순식간에 후다닥 처리한 일이었다.

"이번 총회는 불법이요. 하나님이 보고 계시오."

브루스 헌트 Bruce F. Hunt, 1903-1992 등 외국 선교사들과 몇몇 목사들이 일어나서 불법이라고 항변했지만 경찰들이 재빨리 그들을 붙잡아 나가고 급하게 총회 해산 명령을 내렸다.

장로교를 마지막으로 결국 기독교계 전체가 일본의 만행에 굴복한 셈이다. 결국 일본은 성결교단의 해산이라는 극단적이고 산인한 명령을 내린다. 성결교단의 해산과 동시에 일제의 앞잡이들은 마구잡이로 행패를 부리고 다닌다. 증동리교회를 호시탐탐 노리고 있던 일본의 간신들은 성전을 강제로 경방단警防團에 매각하고 그 돈을 국방헌금이라는 이름 아래 갈취한다.

경방단이란 치안 강화를 위한 소방대와 화재 방어를 위한 방호단을 통합해서 일본이 만든 단체로 친일파들이 득세했다. 전쟁시의 치안 강화와 화재 방지의 명분을 내세워 우리 민족의 주권을 제지하고 모든 것을 빼앗기 바빴다. 위안부나 징용자들을 일본으로 보내는 일까지 담당했다. 또한 경방단과 동시에 애국반愛國班을 조직하여 쇠붙이 모아 군수 물자 만들기, 국방헌금 모금운동 등을 계속 벌였다.

무력침공에 혈안이 된 일본은 급기야 미국을 상대로 무모한 전쟁을 시작한다. 1941년 선전포고도 없이 하와이와 진주만에 주둔하고 있던 태평양 함대를 공격하기에 이른다.

"일본 천황이 기독교의 나라를 꺾었다. 우리 일본은 세계 최강이다."

진주만 기습이 성공하자 더욱더 기세등등, 극악무도하게 우리나라를 억압하고 수많은 기독교 신자들이 신사 앞에 무릎을 꿇게 된다.

"이기 무신 짓이요? 교회 돈인데 뭐땀시 당신들이 이라는 기요?"

"잔말 마시오, 할망구."

문전도사는 가슴이 찢기는 고통 속에 신음했다.

'어떻게 세운 교회인가? 지가 모욕당하는 것은 을매던지 참을 수 있지만 교회만은 우짜든지 꼭 지켜주시소.'

성도들의 땀과 예수님의 피 값을 극악무도한 일본에게 그냥 넘겨줄 수 없었다. 성도들은 성전을 뺏기지 않기 위하여 간절한 마음으로 기도했다. 하지만 성전도 안전하게 지킬 수는 없었다. 성전을 뺏기고 난 뒤에는 성도들 집집마다 돌아가며 모여 예배를 드렸다. 그들은 어떤 환난 가운데서도 예배를 거르지 않았고 주님을 향한 사모함만은 커져만 갔다. 한 사람이 기도하다 쓰러지면 또 한 사람이 기도하고 기도 소리가 커질수록 탄압의 수위도 함께 높아졌다.

"우리 낙심하지 말랑께요. 우리 주님이 지켜주실거여라."

문전도사에게는 회유와 협박이 같이 왔다. 문전도사 마음 하나만 돌리면 성도들을 모두 움직일 수 있기에 달래고 얼러 보다가 안 되면 협박하는 것을 반복했다.

"나를 차라리 죽이라."

문전도사의 절개는 누구도 말릴 수 없었다. 취조를 당할 때도 문전도사는 찬양의 가사로 대답을 대신했다.

환난과 핍박 중에도 성도는 신앙지켰네
이 신앙 생각할 때에 기쁨이 충만하도다

성도의 신앙 따라서 죽도록 충성하겠네

 일본 취조관 중에는 어설픈 지식으로 궤변을 늘어놓는 사람도 있었다.
 "성경에는 십계명만 있는 것이 아니야. 예수가 너희들을 사랑하듯 너희도 서로 사랑하라고 했단 말이야. 일본은 서양 사람들에게 시달리던 아시아인들을 건져내려고 피를 흘리고 있어. 일본군인 하나하나가 총에 맞아 쓰러져 죽어가면서 동양의 평화, 세계의 평화를 늘 염려하시는 천황폐하의 만세를 부르면서 죽어가고 있단 말이야."
 "남의 나라를 무력으로 뺏는 것이 사랑이요? 세계평화와 동양평화는 하나님께서 하실 일이지라. 일본의 핍박에 고통당하는 조선을 하나님이 건져내 주시며 일본은 곧 망할 것이요. 당신들의 천황폐하의 죽음도 얼마 남지 않았으니 자네도 예수 믿고 천당 가시요."
 문전도사의 말이 끝나자마자 위협적으로 탁상을 친다.
 "주둥이 닥쳐라. 늙은 할망구, 조선 놈이 어따 대고 천황폐하를 욕 먹이다니. 천황폐하는 이 세상의 왕이시다."
 "왕은 왕으로 신하는 신하로 서로 도리는 다해야 한다고 생각하오. 그리고 우덜이 섬기는 하나님은 이 우주의 창조주고 이 우주를 다스리는 분이지라. 천황폐하라도 그 하나님의 통치를 받는 여러 나라의 왕 가운데 한 분이라 생각하지라."

"천황폐하는 신의 아들이란 말이다."

"신의 아들은 예수 그리스도 한 분뿐이지라."

어떤 협박에도 절대 예수천당의 믿음을 저버리지 않았다. 맞다가 죽더라도 예수님의 십자가의 고통에 동참하는 것이니 순교의 영광으로 생각했다.

성도들은 문전도사를 염려했고 문전도사는 성도들을 걱정했다. 서로를 위한 사랑의 기도 덕분에 날마다 무사히 돌아오곤 했다. 그렇게 시달리고 돌아오면 따뜻한 밥과 눈물의 기도가 기다리고 있었다. 다 같이 손을 잡고 모여앉아 서로를 위한 안수기도를 했다.

"이 험난한 민족의 현실이 뼈 아프지라. 허나 우리는 꼭 나라를 되찾아야지라. 주님께서 우리나라를 붙들고 꼭 회복시키리라 믿어라. 우상숭배의 나라 일본에서 우리나라를 꼭 되찾을 것이어라. 이 환난은 곧 지나갈 것이니 성도 여러분! 나라와 민족을 위한 기도를 더욱더 뜨겁게 하더라고요."

1945년 8월, 드디어 36년간의 노예에서 벗어나 진정한 주권을 찾아온 해방이 되었다. 온 국민은 기쁨의 눈물을 흘렸다. 그 간절하던 나라와 성전을 되찾을 수 있다는 생각에 모든 국민과 성도는 축제분위기다.

"일본이 망했구먼, 우리나라가 독립이 됐구먼."
"대한독립 만세! 만세! 주님 감사합니더."
나라를 빼앗긴 인고의 세월은 흐르고 흘러 이렇게 해방을 맞이하였다.
감격의 눈물은 그치지 않았고 교회 성도들은 하나님 성전을 먼저 찾았다. 하지만 교회의 환난은 계속되었다. 마을유지는 교회를 돌려줄 생각을 하지 않았다. 성도들은 하루빨리 성전에서 예배를 드리고 싶은데 계속 억지를 부리니 어이없고 기막힌 일이다. 심지어 경방단에 매각할 때 금액의 몇 배를 준다고 해도 안 된다고 했다.
"교회 성전은 하나님의 것이니 돌려달랑께요."
"교회는 개인의 것이 아니지라. 울들은 돌려줄 생각이 없구먼."
멀쩡한 교회를 두고 예배는 다른 곳에서 드려야 하는 어처구니없는 상황이었다. 결국 성전을 되찾기 위하여 법의 도움을 구할 수밖에 없었다. 성경에는 송사하지 말라고 했지만 어쩔 수 없었다. 하나님께 드리는 예배처소를 뺏기면서 가만히 있는 것이 더 큰 죄라는 생각이었다.
"백전도사, 나가 법원의 재판까지 들락거리게 되니 이 어인 일인지 모르겄소."
"성상님이 고생이 많지라. 허지만 교회는 찾아야 하지않는다요?"

"그란디 좋은 결과가 나와야 하는디 내 속이 타는구먼."
"성상님, 염려마시소. 주님이 좋은 결과로 인도하실 거구먼유."
법원에 출두하라는 공문이 올 때마다 간이 철렁 내려앉고 겁났지만 애써 강하고 담대한 마음을 가지고 대처했다.
'어떤 고생이 있어도 주님의 터전은 찾아야 혀.'
험난한 우여곡절 속에 드디어 법원에서 교회 쪽에 손을 들어주었다. 법의 힘을 빌리지 않아도 당연히 처리해줘야 할 일을 왜 그렇게 어렵게 만들었는지 야속했지만 교회를 되찾은 것만으로도 기쁘고 감격했다.
"성도 여러분, 오래 기다렸지라. 우덜은 인자 누구의 눈치도 보지 않고 하나님을 맘껏 찬양하더라고요."
교회에 붙어있던 경방단 간판은 떼어 버리고 그동안 성전 구석구석의 묵은 때를 벗기고 닦고 대청소를 했다. 교회에서 찬양하고 예배드리는 것이 얼마나 큰 은혜고 감사인지 절실히 깨달았다. 성령님의 임재는 온 성도의 마음을 위로했고 예배 시간에는 눈물을 흘리는 성도들도 많았다.
서로 당번을 정해서 교회지킴이로 나섰고 교회일지를 기쁨으로 더욱 열심히 썼다. 정성껏 모은 성미를 예배 때마다 모아 어려운 사람들을 도왔다. 그런 작은 일상 속의 섬김이 더욱 귀하다는 것을 느끼고 성도들은 스스로 헌신했다.

하지만 해방 이후에도 폐쇄적인 섬마을에는 여전히 친일파 유지들이 자신의 부를 이용해서 계속 억지를 부렸다. 신안 무안 등 섬 지방은 공산군이 들어오기 전에 이미 좌익 세력 부대가 결성되어 있었기에 친일파와 결탁하여 주민들을 괴롭혔다. 그 후 친일파들은 한국전쟁이 터지자 바로 공산군에 합류한다. 섬마을은 해방 후에도 육지와 달리 공산군과 친일파 앞잡이들의 핍박이 계속됐고 특히 좌익사상과 맞지 않는 교회는 척결 대상이었다. 그러기에 그들은 목회자와 교인들을 괴롭히고 처형하는 데 혈안이 되었다.

"경방단에서 매입한 것이니 당장 비우고 나가시오."

"이보시오. 교회는 사고파는 물건이 아니오. 으짤 수 없이 우덜은 경방단에 교회를 뺏긴 것이요."

 이념전쟁에 물들은 철없는 좌익 청년들은 성전에 들어가 성물을 망가뜨리고 더럽혔다.

 자신들이 원하는 국가 건설을 위해서는 교회가 가장 걸림돌이었던 것이다. 이렇게 같은 민족의 청년들끼리도 이념 전쟁을 하는 슬픈 소모전을 계속 벌이고 있었다. 법과 양심보다 앞선 건 폭언과 폭행이었다. 폭언과 폭행을 그치지 않자 더 이상 참을 수는 없었다. 교회불법침입죄와 명예훼손죄의 이름으로 목포지방법원에 탄원하고 법적 판결을 기다릴 수밖에 없었고, 3개월 후에 그 일당은 7년 동안 집에서 자숙하라는 판결을 받았다. 이렇게 핍박과 송사가 반복되는 동안 문전도사는 급격히 노쇠해갔다.

　역사의 환란은 사람들을 거칠고 무지하게 만들었다. 좌익과 우익의 대립은 심해져만 갔고, 군인과 학생들로 이루어진 반란군이 경찰서와 관공서를 점거하고 경찰 가족, 정치인, 마을 유지나 부자들, 기독교인들을 데려다 무참히 살해하는 살벌한 세상이었다.

　문전도사는 법정 출입과 성도들 지킴이로 헌신하며 긴 고통과 괴롭힘, 일본의 고문, 정신적 고통 때문에 점점 몸이 약해져 시름시름 앓았다.

　"주님이 시방이라도 날 부르면 내는 준비가 다 되 있는디 말이여."

　"성상님, 마음을 강하게 잡숴야지요."

　평생을 주님께 헌신하며 신앙의 기개와 헌신적인 사역으로 섬기는 문전도사를 백전도사는 존경했다.

　"내 마지막 인생에 백전도사가 같이 하니 외롭지 않고 주님께 감사하구먼. 물론 모든 성도들이 내 가족이제. 내는 복이 많은 사람이랑께."

　"지도 성상님 만난 것이 가장 큰 주님 은혜랑께요."

　해방 된 지 얼마나 됐다고 민족의 비극은 여기서 그치지 않았다. 일본에게 그토록 오랜 시간 식민지의 설움을 당한 것도 모자라서 이제는 우리 민족끼리 싸우는 처절한 슬픈 현실이었다.

남북은 38선으로 갈라져서 1948년 8월 남한은 대한민국을 수립하고, 9월 북한은 조선민주주의인민공화국을 세운다.

통일정부를 세우려는 노력도 수포로 돌아가고 그렇게 각자의 노선을 걷던 남북은 급기야 1950년 6월 25일 새벽 북한의 남한 침공으로 한국전쟁이 시작된다. 일제에서 해방 된 지 얼마 되지 않아 국민들은 또다시 전쟁의 공포에 들어갔다. 이로 인해 교회와 성도들의 고통과 피해는 이루 말할 수가 없었다.

김일성 추종자들인 북한의 인민군은 제일 먼저 기독교 지도자들을 납치했고 교회를 핍박했다.

"성상님, 어젯밤에는 목포에서 엄청난 사람들이 죽었다고 하더만요."

"아고 그라나? 이 나라가 어디로 가려고 이라는지……."

먹고 살기도 힘든 마당에 전쟁까지 났으니 민초들의 고초는 극에 달했다. 민족의 비극 앞에 문전도사는 금식기도를 주기적으로 반복했다.

인민군은 예수 믿는 사람들을 끔찍하게 싫어했다. 공산국가 건설에 예수 믿는 사람은 하나도 도움되지 않는 숙청대상일 뿐이다. 인민군은 8월쯤에는 전라도 지방까지 남하했고 섬마을에는 이미 주둔한 좌익세력에 의해 그저 예수를 믿는다는 이유로 죽어가는 순교자가 늘어만 갔다. 문전도사에게도 수차례 조롱과 핍박이 이어졌다.

"예수 믿는 것들은 예수를 믿는 기 아이고 이승만을 믿는기다. 다들 족쳐야 한다."
"예수 믿는 사람들은 하나님을 믿는 사람들이요. 사람을 믿는 것이 아니라요. 우리는 그저 예수님을 사랑할 뿐이지라."
 진리를 말해봐야 괴롭힘이 심해지기만 했다. 전쟁이 길어질수록 폭격 맞는 교회들은 늘어 가고 다른 교회들은 문을 닫고 피난을 가는데 문전도사는 피난도 가지 않고 꿋꿋이 성전을 지켰다.
 '목자가 교회와 양떼를 지켜야지라.'
 하지만 피비린내 나는 죽음은 문전도사를 비켜가지는 않았다. 임자진리교회 또한 환난을 피해갈 수는 없었다. 하지만 그 죽음은 헛된 죽음이 아닌 순교의 현장으로 승화되었다.

 이판일 장로는 여느 날과 같이 어떠한 상황에서도 교회를 떠나지 않고 주일성수를 했다. 이미 한 차례 밀실예배를 드리다가 체포된 일도 있었다. 임자진리교회도 계속 살얼음판을 걷는 시간들이었다.

"장로님, 목숨을 건지기 위해서는 일단 인민군 환영 깃발을 흔들며 진정시키는 것이 낫지 않을까야?"

"무신론자에 유물론자인 그들을 인정하는 것은 하나님을 부정하는 일이오. 나는 시방 죽어도 그럴 맴이 없구먼."

이판일 장로는 가족이나 성도들의 말에 단호하게 대처했다.

"그라믄 피난이라도 가는 것이 어찌시라? 일단 지도자들을 먼저 잡아간당께 장로님이 먼저 피하시야지라."

"그건 더군다나 말도 안되는구먼. 성도들을 먼저 피신시키고 나가 남아 순교하겠구먼."

이판일은 "누구든지 나를 따라오려거든 자기를 부인하고 자기 십자가를 지고 나를 따를 것이니라"마가복음 8장 30절는 성경말씀이 떠올랐다. 예상대로 상황은 급박하게 나빠졌고 어느 누구도 피난할 시간이 허락되지 않았다.

'주님 가신 그 길을 따라갈 시간이 머지 않았구나!'

결국, 10월 5일 새벽 2시 해안경비단 사람들이 이판일 장로와 이판성 집사의 가족 12명을 포함해 47명의 성도를 묶고 처형장에 끌고 갔다. 3킬로미터에 달하는 죽음의 길을 자식들과 노모와 함께 걸어갔다.

"이보시오들. 우리 어머니는 나가 업고 가게 해주시오. 마지막 부탁이오."

이판일은 노모가 묶여 끌려가는 것을 차마 볼 수가 없었다.

이리하여 노모는 등에 업고, 5살 아이는 손에 잡고 이판일은 십자가의 길을 걸었다. 성도들과 다른 가족들이 걱정이었지만 그 순간에도 순교하고자 하는 마음에 한 치의 망설임이 없었다. 또한 천당복음의 믿음이 확실했기에 노모와 성도들이 예수를 부인할까봐 걱정이었다. 이런 식으로 인민군에 협조하지 않고 예수를 부인하지 않으면 파리 목숨처럼 죽어야 하는 참으로 흉흉한 시절이었다. 하지만 하나님의 자녀가 목숨을 부지하기 위하여 하나님을 부인할 수는 없었다. 이 땅에서 비참하게 죽어도 천국에서 면류관을 쓰고 만날 주님을 생각하면 견딜 수 있었다.

미리 준비된 구덩이 앞에서 이판일 장로는 가족과 성도들의 영혼을 위해 간절히 기도했다.

'예수님이 십자가에서 했던 기도를 조금이나마 알겠어라. 하나님, 이 영혼들을 모두 주님 나라로 거두어 주실 것이지라? 그리 믿어라.'

또한 주님을 모르는 그 불쌍한 사람들을 위한 기도도 놓치지 않았다. 이판일 장로와 성도들의 찬송은 울려 퍼지고 있었다.

내 주를 가까이 하게 함은
십자가 짐 같은 고생이나
내 일생 소원은 늘 찬송하면서
주께 더 나가기 원합니다

기도하고 찬송하는 그 모습을 보고 더 화가 난 인민군은 칼과 창으로 성도 47명을 무참하게 죽이고 만다. 죽은 시체를 구덩이에 파묻는 잔인한 짓도 서슴지 않았다. 그 다음날 이판일의 조카이자 이판성의 9살 딸도 잔인하게 죽여 갯벌에 던져 버렸다.

 하지만 훗날 꺼지지 않는 불꽃으로 48명의 순교의 열매들이 빛을 발했다. 모세가 호렙산에서 목격한 그 꺼지지 않는 불꽃처럼 말이다.

 그렇게 죽어가는 그 시간 문준경 전도사 또한 순교의 피를 흘리고 있었으니 증도의 후손들이 모두 예수 피로 거듭나는 순교의 사건들이 이어지고 있었다. 문준경과 이판일은 성도를 먼저 생각하는 마음부터 신앙의 절개까지 쌍둥이처럼 닮았다. 그러다가 같은 날 순교까지 하는 주님 가신 길을 살았다.

제10장

거룩한 메아리

내가 진실로 진실로 너희에게 이르노니
한 알의 밀이 땅에 떨어져 죽지 아니하면 한 알 그대로 있고
죽으면 많은 열매를 맺느니라 요한복음 12장 24절

"이 반역자들은 사상교육을 제대로 시켜야 되는 것들이다. 이참에 제대로 된 교육을 받고 오라우."

1950년 9월 어느 날 밤 문전도사는 결국 목포 정치보위부로 끌려갔다.

순희와 수일 부부는 울면서 매달렸지만 아무 소용없었다.

"우리 성상님이 무슨 잘못이 있다고 이런다요. 지발 이러지들 마시오."

"같이 끌려가고 싶지 않으민 입 닥치고 있으라우."

증도에 들어와 있는 수십 명의 인민군은 주민들을 괴롭히고 구타와 폭행을 일삼았다. 특히 성도들에게는 더욱 함부로 대하고 고문을 일삼았다. 돈이 많은 부자라는 이유, 많이 배웠다는 이유, 예수 믿는다는 이유 등 어떤 이유든지 만들어서 괴롭혔다. 모든 교회를 핍박했고 말씀을 전하는 교역자들이 그들에게는 눈엣가시 같은 존재였다.

다행히 목포는 인천상륙작전이 성공한 후 서울을 수복하자

국군이 들어와서 공산당이 다 철수하였다. 그리하여 인민군에게 목포까지 끌려간 문전도사는 재판도 받지 않고 바로 풀려날 수 있었다. 이것이 문전도사 개인에게는 기적이었지만 자신의 안전보다는 두고 온 성도들 걱정만 가득했다.

'나가 빨리 증도를 들어가야 하는구먼.'

목포의 한 성도집에 거하며 사태를 지켜보고 있던 이성봉 목사를 수소문 하여 찾아가서 만난다. 사람이 죽어 나가는 그 불안한 시기에 두고 온 증도의 성도들 걱정을 하며 이성봉 목사를 보자마자 눈물부터 쏟았다.

"목사님, 우리 성도들 어찌 됐을까야? 지는 죄인이지라. 같이 있어주지도 못하는 목자는 자격이 없구먼유."

"목포로 나오게 된 것도 주님이 피신시킨거디요. 크고 넓게 보시라요. 목포가 수복됐으니 증도도 조만간 회복될 것이라요. 그라니 조금만 더 기다리다가 돌아가시는 것이 좋을 듯함네다."

"지도 두렵고 무섭지만 지금 갈랍니다. 우리 성도들이 잡혔다 하는디 얼매나 지를 기다리겠스라? 내일이면 늦지라."

"조급한 마음을 버리고 일보후퇴를 하시라요. 영원한 후퇴가 아닌 전진을 위한 숨 고르기라고 생각합세다. 전도사님! 이사야 26장 20절 말씀 생각나십네까? 내 백성아 갈지어다 네 밀실에 들어가서 네 문을 닫고 분노가 지나갈 때까지 잠깐 숨을 지어다."

"목사님 허지만 시방 숨을 때가 아니어라. 우리 성도들이 힘든 상황인 것을 뻔히 알면서 그럴 수는 없지라. 지 한 목숨 보호하겠다고 이리 기냥 있을 수는 없지라."

"앞으로 전도사님이 하실 사역을 생각하시라요. 할 일이 많은 분 아닙네까? 주님의 섭리에 맡기시라요."

"주님 섭리에 맡기는 것도 행동이 따른 후에 해야지라. 죽더라도 지는 목자로서의 본분을 놓치고 싶지 않구먼유. 예수님도 제자들을 버리지 않았지라. 지는 죽는 한이 있어도 증도로 들어가겠스라."

이성봉 목사는 문전도사의 결연한 의지를 더 이상 말릴 수 없었고 성도사랑에 깊은 감동을 받았다. 주님 손에 붙들린 목숨들을 사람 손으로 어찌할 수 없음을 알기에 그저 간절히 기도했다.

문전도사 또한 증도로 들어가면 목숨이 위태로운 것을 알았다. 하지만 목포에 남아 육신이 무사하고 성도들이 죽는 것을 보고만 있다면 그것은 이미 영적으로 죽은 삶이라고 생각했다. 증도에 들어가면서도 목숨을 걸 최후의 상황까지 마음의 준비를 했다.

'주님, 그저 이 한 목숨을 거둬 가시고 우리 성도들은 지발

아무 탈 없이 지켜주시소.'

 목포에 국군이 들어왔다는 이야기를 듣고도 증도에 남아있던 공산주의자들은 마지막까지 주민들을 학살할 계획이었다. 극악무도한 그들은 문전도사를 목포로 보낸 것을 후회했다.
 "그 씨암탉 할망구를 제일 먼저 처치해야 됐는디 목포로 보내는 것이 아니었다구."
 "알을 많이 깐 씨암탉 할망구가 지발로 증도로 들어왔다는구먼요."
 "하하하, 그랴? 진짜 죽고 싶어서 환장했구먼. 오늘 밤에 씨암탉 잔치를 해야겠군."
 "씨암탉 한 마리만 죽이면 뼁아리들은 살 수가 없응께. 오늘 밤에 잔치 준비를 거하게 해봅세다."
 헛된 이념전쟁이 짐승만도 못한 사람들을 양산했고 험난한 역사 속의 슬픈 민초들은 길을 몰라 방황했다.
 문전도사는 주민들에게 목포에 국군이 들어온 생수같이 반가운 소식을 알렸다.
 "여러분, 기뻐하시라요. 목포는 벌써 국군이 들어왔어라. 인자 곧 증도도 공산군이 물러날 것이구먼요."
 "성상님, 참말이어야? 다행이구먼유. 긍께 우린 살았스라."
 마을 구석구석을 다니며 성도들에게 기쁜 소식을 알렸다.

"성상님, 목포에 그냥 있지 뭐땀시 들어왔시오? 다시 목포로 나가시라요."

순희와 수일 부부는 문전도사의 안전이 염려되어 목포로 피신할 것을 간청했지만 그 마음을 돌이킬 수는 없었다. 기쁜 만남은 그야말로 잠시고 죽음이 야수처럼 먹을 것을 삼키려고 기다리고 있었다.

1950년 10월 4일 수요일 밤부터 시작된 터진목 백사장에서의 고문은 날을 넘겨 10월 5일 순교의 피비린내를 풍겼다.

"이리들 오라우 동무들, 내 말을 잘 들으면 살려주갔소."

성도들은 핏기가 없는 얼굴로 침을 꼴깍꼴깍 삼키고 있었다. 주님 나라의 면류관을 사모한 사람들이지만 눈앞에 닥친 죽음이 당장은 극심한 공포감을 주었다. 공산주의자들의 공격은 수시로 있었지만 거룩한 주님의 날만은 지켰다. 하지만 생명을 먼저 부지하고 하나님의 섭리를 기다려야 할지 아니면 죽더라도 예배를 먼저 섬겨야 할지 고민의 연속이었다. 그런 심리적 고단한 과정을 거쳐 영적 자유를 택한 대가는 생각보다 가혹했다. 무자비한 폭언과 폭행을 자행하는 그들은 사람이 아니라 짐승이었다.

"이 할망구야, 예수, 예수 타령해대는데 할망구 좋아하는 예수 만나러 빨리 천당으로 보내주갔어. 할망구도 싸게 가고 싶어서 지발로 걸어왔네?"

"내는 우리 성도들을 보러 들어왔네. 이제 자네들도 그만들 하소."

"이 할망구가 말을 못 알아믹는구면. 아직도 정신을 못 차리다니?"

"그리 만행을 저지르던 일본이 망해서 나가는 것을 보고도 자네들은 예수님을 믿지 못하겠소? 그만 죄짓고 이러지들 마시소."

"이 노망난 할망구가 주뎅이 닥치지 못해?"

그때 백전도사와 성도들이 말을 거들었다.

"우리 성상님에게 뭐하는 짓이라요? 당신들은 부모 형제도 없소? 같은 동족끼리 뭐하는 짓이라오?"

"그렇소. 당신들의 늙은 부모가 누구에게 이렇게 수모를 당한다고 생각해보소. 이건 아니지 않소?"

"이 간나 새끼들은 또 뭐라고 주뎅이를 놀리는 거지?"

죽창과 곤봉으로 사람들을 때리기 시작하고 여기저기 신음 소리와 때리는 소리가 들려오고 아수라장이 된다. 문전도사는 절규를 한다.

"이보시오, 이보시오. 이 사람들은 아무 죄가 없소. 그저 나 하나만 죽이면 되는 기요. 지발 나를 죽이고 이들은 모두 보내주소."

공산주의 앞잡이는 곤봉으로 땅을 탕탕 치며 눈을 부라리며 거의 정신이 나간 사람처럼 큰 소리로 고함을 친다.

"씨암탉 할망구도 살 수 있는 방법이 있당께. 예수를 부인하고 우리 인민공화국에 협조한다고 약속하면 살려주갔소. 선택을 하라우."

"예수님을 곰방 만날텐디 어찌 이 자리에서 부정을 하겠소? 하나님은 창조주시요 우리를 만드신 분이오. 그분의 아들 예수님을 친히 우리에게 보내주셔서 이런 생명을 주신 거요."

앞잡이는 얼굴이 벌개지며 발악을 한다.

"이 늙은이 반동 악질분자. 이거 독종 할망구야. 죽음을 눈앞에 두고도 주댕이를 놀리다니. 이 동네 저 동네 다니며 예수교를 전하는 알을 많이도 깐 씨암탉 늙은이는 죽어도 싸다. 그 때문에 조선 인민공화국의 방해가 됐으니 말이다."

문전도사는 이 땅에서의 사명이 끝남을 느꼈다. 육신이 죽는 것은 두렵지 않은데 남은 자들을 향한 피 끓는 목자의 애달픈 정이 있었다.

"사람이 태어나서 한 번 죽는 것은 하나님의 공평한 이치요 그 이후에 심판이 두려울 뿐이지라. 단지 백전도사와 여기 남은 사람들의 목숨은 지발 살려주시오. 그래야 당신들도 나중에 죗값을 덜 받게 될 것이요. 예수 믿고 이 모든 죄를 회개하여 부디 천당에서 만나기를 바라오."

"예수쟁이들은 모두 독종들이야. 특히 이 독종 할망구는 아직도 정신을 못차리갔나?"

몽둥이로 문전도사를 마구 때리기 시작했다. 그야말로 다른 이들에게 향할 분노까지 문전도사에게 집중되었다. 죽음의 순간까지 다른 사람을 살리고 십자가를 홀로 지고 가겠다는 의지를 보인 것이다. 죽창이 가슴팍을 찌르니 금방 숨이 멎을 것 같았다. 헉헉거리는 얼굴에다 발길질을 하니 피로 옷을 적시고 정신을 잃기 직전이었다. 그때 총소리가 탕탕 들리고 문전도사의 가슴까지 피가 마구 솟구쳤다. 땀과 피가 범벅되어 온 몸에 철철 흐르는데 달도 별도 총소리에 신음하며 구름에 가려 주저앉았다. 달빛도 별빛도 한순간 빛을 잃어버리고 문전도사의 가슴으로 숨어들어 온다. 주님의 숨결이 살아 숨 쉬는 가슴에 문전도사는 사람도 자연도 품었다. 마지막까지 하나님 나라만을 생각했다.

'그리스도가 내 안에 사는디 내는 두려울 게 없지라……'

그리스도를 꼭 품은 순교자 피가 백사장에 물들어갔다. 훗날 그 땅에 생명의 열매를 낚는 귀한 거름이 되어 흘러갔다.

마지막 기도를 마음으로 올려드릴 때 주님의 품이 문전도사를 안았다.

"사랑하는 주님, 이 목숨이 여기서 끝나는 것은 두렵지 않아라. 주님 뵈올 시간이 시시각각으로 다가오니 지 영혼은 평안하지라. 허지만 저들이 모르고 저지르는 죄와 이념의 희생양이 된 젊은이들을 용서하시소. 이 세상 살면서 주님의 사랑으로 은혜 가운데 살았지라. 지가 인자 아부지한티 가도 되갔스라? 아부지, 지 영혼을 받아주시라요."

 문전도사의 기도는 지금도 거룩한 메아리가 되어 신안을 아니 한반도를 울리고 있다. 한반도를 품고 기도하던 여인은 기도 안에 들어가면 대장부가 되고 하나님의 군대 수장이 됐다. 아무것도 두려울 것도 없고 그저 주님이 주신 담대함과 뼛속까지 삶을 관통하는 사명으로 살았다. 숨이 끊어지는 순간 마지막 힘을 다해 저들을 위해 기도했다.
 "저들이 알지 못하는 복음을 알게 해주소서. 주님의 일을 다 하지 못하고 가는 이 부족한 여종을 용서하시고 이 못난 영혼을 받아주소서."

 문전도사의 시신은 일주일이나 지나 국군이 들어오고서야 찾을 수 있었다. 참혹했던 현장을 지켜보는 남아있는 자들의 슬픔과 고통은 너무 컸다. 백정희 전도사와 수일과 순희 부부를 비롯한 성도들은 자신의 몸을 산 제물로 바친 문전도사를 눈물로 애도했고, 3년 상까지 치렀다.
 "성상님이 가시면 우덜은 어찌 살라고 하시오."

"우리 성상님이 뭐땀시 이리 빨리 가시야 한다요?"

백정희 전도사[1919-1997]는 슬프다고 넋을 놓고 가만히 있을 수만은 없었다.

"성상님은 천국에 가서 예수님과 덩실덩실 춤을 추고 계실 것이지라. 여러분, 인자 고마 슬퍼라하고 성상님 뜻을 받들어 복음을 전파하고 항상 주님 안에 살아가십시다. 이것이 성상님 뜻이지라."

고생과 수고가 다 지난 후
광명한 천국에 편히 쉴 때
주님을 모시고 나 살리니
영원히 빛나는 영광일세
영광일세 영광일세
내가 누릴 영광일세
은혜로 주 얼굴 뵈옵나니
거룩한 영광 내 영광일세

우리 다시 만나 볼 동안 하나님이 함께 계셔
훈계로써 인도하며 도와주시기를 바라네
다시 만날 때 다시 만날 때 예수 앞에 만날 때
다시 만날 때 다시 만날 때 그때까지 계심 바라네

장례식이 열리는 날은 인산인해였다. 중도 사람이면 모두 문전도사의 사랑의 힘을 받은 사람들이다. 모두들 조문객으로 오고 멀리서도 소문을 듣고 장례식에 참여했다. 알려진 것 외에도 도움과 사랑을 준 사람들이 무척 많았다.

"나가 먼저 죽어야제 와 우리 성상님이 먼저 가노?"

어린아이들은 문전도사의 성경이야기를 더 이상 들을 수 없음에 너무 슬펐다. 장례식에 어린아이들이 가득 모여 찬송을 불렀다.

하늘 가는 밝은 길이 내 앞에 있으니
슬픈 일을 많이 보고 늘 고생하여도
하늘 영광 밝음이 어둔 그늘 헤치니
예수 공로 의지하여 항상 빛을 보도다

내가 걱정하는 일이 세상에 많은 중
속에 근심밖에 걱정 늘 시험하여도
예수 보배로운 피 모든 것을 이기니
예수 공로 의지하여 항상 이기리로다

내가 천성 바라보고 가까이 왔으니
아버지의 영광 집에 가 쉴만 하도다

나는 부족하여도 영접하실 터이니
영광 나라 계신 임금 우리 구주 예수라

순희와 수일 부부는 억울함으로 통곡하고, 민주는 엄마 순희의 손을 꼭 잡고 계속 눈물을 흘리며 다짐했다.
"성상님 말씸대로 지는 나중에 커서 훌륭한 사람 될끼구먼유. 그라고 일본도 용서 안 하고 성상님 죽인 사람들도 용서 안 할 끼구먼유."
아직 어린 민주는 순교의 의미도 몰랐고 왜 사람이 죽는지도 몰랐다. 그리고 용서의 의미도 아직은 알 수가 없었다.

죽음의 자리에서 그 사람의 살아온 삶이 보인다. 어찌나 많은 사람이 장례식장에 몰아닥치는지 애도의 물결은 그치지 않았다.
"아따. 이리 많은 장례 인파는 시방 처음 보오."
"김구 성상님 장례식 사람만큼 모였다 안하요."
"우리 성상님이 어떤 성상님이요?"
"곧은 나무 먼저 찍히는 뱁이여. 성상님은 가뿌리고 씨잘데기 없는 우덜 같은 사람들이 이래 오래 살아 모하노."
"목포에서 안 들어 왔시믄 살 수 있는데도 양떼를 보겠다고 늑대와 이리가 득실거리는 증도에 다시 들어오다니 말이여."

"성상님, 우리가 뭐시다꼬 성상님 목숨을 버린다요?"

"으흑흑흑······. 성상님 우덜은 인자 어찌 산다요?"

오열과 애통의 통곡이 장례식을 덮고 울부짖는 소리가 메아리쳤다.

"성상님처럼 우덜도 예수를 섬기며 살아가야지라. 성상님처럼 주님의 착실한 일꾼이 되야지라. 힘을 내더라고요."

"맞지라. 우덜이 성상님께 받은 그 사랑을 고대로 실천함서 살겠스라. 성상님을 천당에서 만날 때까지 잊지 않겠스라."

그동안 예수를 몰랐던 사람들도 죽음으로까지 성도사랑을 실천한 문전도사를 보고 복음에 눈을 떴다. 증도는 그렇게 잡신도 미신도 사라지고 복음만이 가득했다. 순교 이후에 오히려 성도들은 계속 늘어갔고 문전도사가 개척한 교회의 부흥도 계속됐다. 사람의 영혼을 사랑으로 아름답게 물들이고 복음으로 깨어나게 한 섬김의 삶은 희망의 무지개를 그리며 그렇게 마감되었다.

문준경 전도사가 이 땅의 삶을 마무리한 후 사람들은 그의 사역과 삶을 돌아보기 시작했다. 증도에 들어와서 20여 년간 하나님 나라를 위한 헌신과 섬김의 사역을 한 시간들이 어찌나 감사한지 그 사랑에 보답하는 길은 믿음을 잘 지키는 것이라는 것을 깨달았다. 그리고 문전도사를 대신해서 주님의 명령대로 땅끝까지 가서 복음을 전하는 길임을 알았다. 그러기에 이제는 더욱더 깊고 성숙한 신앙으로 한 걸음씩 나아갔다.
 순교의 피가 그저 단순한 죽음이 아님을 알 수 있게 사람들의 신앙은 더욱더 단단해져 갔다.

 한 사람의 삶이 저물어가는 곳에도 각기 다른 향기가 난다. 어떤 사람은 돈과 물질 욕심 타는 악취만 나고 어떤 사람은 세상과 사람에 아무 관심 없고 무미건조했던 삶처럼 아무런 향기가 안 나는 사람도 있다. 하지만 하나님이 이 세상에 우리를 보낸 의미를 생각한다면 세상에 좋은 향기를 풍기며 사는 삶이 되길 힘써야 한다.
 문전도사는 세상을 착하게 물들이는 꽃향기처럼 어머니의 품속 젖 냄새처럼 아버지의 성실한 노동의 땀 냄새처럼 그렇게 다양한 향기를 풍기며 살다 갔다. 순교 후에 세월이 갈수록 그 귀한 아름다운 향기는 더욱더 진하게 퍼져 나갔다.
 문전도사의 육적인 빈자리가 크면 클수록 믿고 구원받는 성도의 인파는 넘쳐났다. 영적인 영향력과 섬김은 눈에 보이지 않아도 얼마나 거대한 산처럼 성도들 마음에 자리했는지 알 수 있다.
 한 알의 밀알이 어떻게 열매 맺는지를 후손들이 볼 수 있게 평생을 헌신하고 실천하며 살다가 천국으로 갔다.
 어디선가 좋은 향기가 나면 돌아보리라. 당신과 내가 우리가 함께하는 사명의 자리에서 말이다.

 지금도 등대는 불을 밝히고 등대지기는 그 자리를 지키고 있다. 등대지기의 삶은 복음의 향기로 결실의 열매로 계속되고 있다.

에필로그

> 오늘 강의 무척 잘 들었습니다. 문준경 전도사 이야기를 거슬러 올라간 여행은 의미 있는 시간들이었습니다. 강민주 회장님은 약 만드는 사람이 될 거라는 어렸을 때 꿈을 이루신 거군요?

장티푸스에 걸려 고생할 때 문전도사의 극진한 간호와 사랑의 기도 속에 다시 살아났습니다. 또 그 덕분에 우리 가족이 복음 안에 들어가는 계기가 되었습니다. 우리 가정뿐 아니라 증도 사람이라면 모두 문전도사의 사랑의 기도를 먹었습니다. 제가 받은 그 사랑과 섬김을 누군가에게 나눠주며 살고 싶습니다. 주일학교에서 꿈을 심어주고 격려해주던 문전도사의 사랑의 눈빛이 지금도 생생하게 기억납니다. 약을 만드는 사람이 되겠다는 꿈을 이루고 이렇게 여러분과 함께 문준경 이야기 여행을 떠나게 된 것을 무척 기쁘게 생각합니다.

문준경 전도사 순교 이후의 일을 이야기해 주시지요.

증도 병풍도에 1951년 순교기념교회를 비롯하여 3개의 교회가 더 들어서게 됩니다. 순교 이후에도 부흥이 계속된 것입니다. 오히려 세월이 갈수록 열매가 많이 맺히고 있습니다.

임자도에 있지 않아 극적으로 살아남은 이판일 장로의 장남 이인재는 자신의 가족 13명을 포함하여 48명의 순교자를 낸 바로 그곳 대기리에 아버지가 경작하던 땅 1천 평을 팔아 교회당을 세웠습니다. 그리고 가족을 죽인 가해자들에게 복수와 응징 대신 용서를 실천했고 신학을 공부하여 목사가 되었습니다. 아버지의 희생이 헛되지 않게 순교자 집안의 영적 영향력은 지금도 계속되고 있고 1990년 임자진리교회 앞마당에는 48인 순교자기념탑이 봉헌되었습니다.

2013년 5월 21일 드디어 문준경 순교 기념관이 완공되어 순례여행자들을 맞이하고 있습니다. 지상 3층으로 된 기념관은 전시관, 예배실 및 세미나실이 있고 생활관에는 100명 정도가 숙식할 수 있습니다. 또한 전시관에는 현장에서 듣는 생생한 증언과 다양한 자료들을 볼 수 있고 문전도사의 일대기와 순교와 관련된 생을 담은 영상물과 조형물들을 볼 수 있습니다.

> 착한 기업 경영인으로서 강민주 회장님께서 우리 사회에 하고 싶은 말씀은 무엇인지요?

우리가 그분의 삶을 돌아보며 한 가지 분명히 생각할 것은 사람의 생명이 가장 귀하다는 것이지요. 지금 세상은 물질만능주의 풍토가 가득합니다. 돈이 전부라는 생각부터 잘못됐습니다. 돈과 명예 권력을 움켜쥐기 위해 사람을 경시하는 풍조를 뼈아프게 돌이켜야 한다고 생각합니다. 이 세상 그 어떤 것보다 하나님이 창조하신 사람이 먼저다, 사람이 가장 귀하다는 가치관을 먼저 회복해야 합니다. 우리 사회에 생명존중 사상이 회복된다면 스스로 생을 포기하는 사람들이 줄어들 것입니다. 몸과 정신이 건강한 사람들이 꿈을 마음껏 펼칠 수 있는 사회가 될 것입니다.

'THE MOON' 또한 건강하고 착한 사회를 위한 사람이 먼저인 사회를 위한 작은 보탬이 되는 빛과 소금의 기업이 될 것을 약속합니다.

오늘 시간을 통해 우리 삶의 방향과 시계추를 다시 점검하는 귀한 시간들이 되길 바라며 이만 마칩니다.

긴 시간 강의를 잘 들어준 분들께 감사의 인사를 드립니다.

작가의 말

문준경 전도사 이야기를 처음 듣게 된 것은 2년도 더 지난 추운 겨울날이었습니다. 전남 신안 증도의 거주민 90% 이상이 기독교 신자라는 것과 그 터전이 땅 끝까지 가서 복음을 전파하라는 예수님의 가르침을 몸소 실천한 문전도사 순교의 열매라는 것도 알게 되었습니다.

2년 동안의 집필 기간 동안 증도를 몇 차례 오가고 자료를 찾고 조사하며 이 땅의 순교자가 얼마나 많은지도 공부하고 그들의 올곧은 신앙이 바로 정직한 삶으로 이어져 수많은 사람들에게 선한 영향력을 끼치는 과정을 거슬러 올라갔습니다.

그들 모두 순교자기에 앞서 나라와 민족을 사랑한 참된 애국 지도자들이었습니다. 또한 그 시대는 뭇 사람들에게 성도들이 존중을 받고 기독교가 세상의 인정과 신뢰를 받았습니다. 그들의 삶을 연구하며 가슴 벅차는 감동과 함께 참된 종교적, 사회적 리더의 부재를 외치는 기독교의 어려운 현실을 생각하며 마음 한 구석이 아팠습니다. 그러기에 문준경 전도사 이야기는 희망의 생수입니다. 과거 이야기가 아닌 현재진행형의 주님 복음의 증거이기 때문입니다.

  종교적 가치를 배제하고서라도 죽으면 죽으리라는 심정으로 민중의 삶을 사랑으로 품고 헌신한 훌륭한 지도자였습니다.

  식민지 시대의 역사적 아픔과 더불어 여성이기에 더 고달프고 힘들었으리라는 안타까운 마음도 들었습니다. 반면 예수님 사랑과 아주 조금은 닮은 여성만이 가지는 모성이 환난을 이기는 큰 힘이 되었을 거라는 생각도 했습니다. 나라와 민족을 사랑하다고 말 뿐으로 그치는 것이 아니라 봉사와 섬김, 나눔과 희생의 삶을 직접 살아내며 보여 주었습니다.

  이 책을 읽고 진정한 삶의 의미를 향한 물음표를 던져보고 현재 우리 신앙을 점검하고 깨우치는 좋은 기회가 되길 바랍니다.

등대지기 순교자 문준경의 삶에 창작을 가미한 전기 소설을 쓸 수 있어 무척 뜻 깊고 숭고한 시간이었습니다. 예수님과 사람을 사랑하는 올바른 방법과 가치를 새롭게 깨닫고 진리가 너희를 자유케 하리라는 말씀의 참된 의미를 가슴으로 느꼈습니다.
 이 모든 것이 은혜의 밑거름이 되어 날마다 한 뼘씩 성숙하는 성도가 되길 꿈꾸고 소망합니다.

 의미 있는 문서사역에 애쓰는 한국고등신학연구원의 모든 분들께 먼저 감사합니다. 사랑하는 가족들, 기도의 동역자분들, 이 땅의 여정에서 이 모양 저 모양 다양한 인연으로 만난 귀한 친구분들께 감사합니다. 더불어 사랑하는 나윤, 민형에게 평생의 삶 속에서 그리스도인의 모습이 녹아나는 아름다운 믿음의 엄마로 비춰지길 소망합니다.

이 책을 쓰며 문준경 전도사 기념관, 서울신학대학교, 문전도사 관련 서적과 논문들, 인터뷰 영상 자료, 증도 교회들의 협조, 현장 주민들의 증언 등이 연구와 창작에 귀한 자료가 되었음을 밝혀 두며 자료수집과 집필에 도움 주셔서 진심으로 감사합니다.

이 책을 접한 모든 분들께 예수님의 평안이 함께 하시길 축복합니다.

2015년 3월 햇살이 따스한 날 김희정

연보

1891년 2월 2일	전남 신안 암태도 출생
1908년	정근택과 혼인하여 증도로 옴
	생과부 생활의 시작
1910년	한일병탄
1911년	경성성서학원 설립
1925년	장석초 전도사 북교동교회 부임
1927년	목포 북교동교회 출석
1928년	세례를 받음
1929년	김응조 목사 북교동교회 부임
1931년	이성봉 전도사 북교동교회 부임
1931년	경성성서학원 입학
1932년	임자진리교회 개척

1935년	○	증동리교회 개척
1936년	○	성서학원 졸업 후 신안 일대를 돌며 전도사역
1938년	○	대초리교회 개척
1941년		백정희 전도사 증동리교회 사역 시작
1943년		성결교단 교인, 목회자 대대 검거
1950년		한국전쟁 발발
1950년 9월 28일	○	내무서원에게 잡혀 목포로 압송, 서울 수복으로 풀려남
1950년 10월 5일	○	증도 백사장에서 공산당에게 총살
1950년 10월 5일		이판일 장로 등 임자진리교회 48명 집단 순교

등대지기

발행일	2015년 5월 5일 초판 발행
	2016년 4월 12일 2쇄 발행
발행인	김재현
저 자	김희정
편 집	강은혜 류명균
디자인	박송화
펴낸곳	한국고등신학연구원(KIATS)
주 소	서울시 용산구 한강로 1가 228 한준빌딩 1층
전 화	02-766-2019
팩 스	0505-116-2019
E-mail	kiats2019@gmail.com
ISBN	978-89-93447-71-2(03230)

• 본 출판물의 저작권은 한국고등신학연구원(KIATS)에 있습니다.
• 사전동의 없이 무단으로 복사 또는 전재하여 사용할 수 없습니다.

* 이 도서의 국립중앙도서관 출판예정도서목록(CIP)은 서지정보유통지원시스템 홈페이지(http://seoji.nl.go.kr)와 국가자료공동목록시스템(http://www.nl.go.kr/kolisnet)에서 이용하실 수 있습니다.
 (CIP제어번호: CIP2015010493)